マンガでわかる

サミュエル・スマイルズの自助論

成功する「考え方」と「習慣」

【監修】金谷俊一郎
【マンガ】くろにゃこ。

マイナビ

はじめに

みなさんは、明治維新期に福沢諭吉の『学問のすすめ』と肩を並べた、大ベストセラーがあったことをご存知でしょうか。

その名は『西国立志編』。イギリスで一大ブームを巻き起こした啓蒙書『自助論』を、思想家であり教育家である中村正直《なかむらまさなお》が訳したものです。

『自助論』（原題『Self-Help』）は、イギリスの医者であり作家であったサミュエル・スマイルズによって、1859年に出版されました。実に300人以上の成功談を集めた本書は、発売から間もなくして大きな反響を呼び、ビクトリア朝イギリスを代表する一大啓蒙書となったのです。

ではなぜイギリス人の書いた啓蒙書が、これほどまでに日本人の心に響いたのでしょうか。

それは、「中村正直が翻訳を手掛けた」という点に秘密があります。

正直は江戸時代の終わり、江戸幕府の下級役人の子として生まれました。35歳になったとき、正直は幕府の留学生としてイギリスに渡りますが、そこで見た人々の生活に大きな衝撃を受けます。イギリス人の中には、正直が理想としていた儒教的道徳が深く息づいていたからです。留学から戻った正直は、江戸幕府の崩壊に伴い静岡の学問所で教官となりますが、このとき取り組んだのが、イギリスから持ち帰った『自助論』の翻訳でした。

実は、原文と正直の訳を細かく突き合わせていくと、厳密には誤訳と思える箇所が散見されます。

非常に語学が堪能だった正直が「単純に誤訳」をしたのか、もしくは「意図的に誤訳」したのか、いまとなっては真実を探る術はありません。しかし、諸外国においてそれぞれの文化に合わせた成功哲学があるのと同じく、日本には日本の風土や考え方に即した独自の成功哲学が必要だという事実を、正直が痛感していただろうことは容易に想像できます。

いずれにしろ、日本で紹介された『自助論』は、中村正直の「翻訳」だったからこそ、日本人がこぞって読みたがる〝純日本式成功哲学〟に昇華されたといえるのです。

今回、この純日本式成功哲学をより多くの方に知っていただきたい思い、マンガを通してそのエッセンスを説明することになりました。作中には、元・中学校の社会科教師のモデルとして私も登場しています。「定年後」という設定のため、実際の年齢よりも30歳近く年上のロマンスグレーとなっていますが、主人公たちのように20代であっても、作中の「金谷先生」のように70代であっても、成功への心構えは決して変わりません。

『自助論』で繰り返し強調される「自学」「独立独行」「誠実」「努力」「倹約」といった道徳。この字面を見て古臭いと思った人こそ、ぜひ本書を読んでみてください。

明治維新という激動の時代を迎えた日本を、成功に導いた『自助論』の思想は、アプローチ方法ややり方を変えれば、十分過ぎるほど現代に通用することが分かっていただけると思います。

それでは、『自助論』の世界をのぞいてみましょう。

金谷俊一郎

目次

CHAPTER 05

CHAPTER 06

CHAPTER 07

大嶋《おおしま》 正樹《まさき》

地元の有名企業の息子で、大学卒業後すぐに実家に就職。社運をかけたプロジェクトに失敗したことから、プレッシャーに負けそうになっている。

北城《きたしろ》 あかね

高校卒業後からバイトでお金をためながら、すきを見ては山登りをしている。年齢的にも登山家になる夢を諦め、就職すべきか悩んでいる。

森山《もりやま》 慎《まこと》

心臓が悪く、幼いころ1年間入院していたため皆より1つ年上。現在は製薬メーカーの研究職に就いている。要領が悪いタイプで、自分には研究の才能もセンスもないと決めつけている。

主な登場人物

中川《なかがわ》 奈津子《なつこ》

大学卒業後、すんなりと大手ゼネコンに就職。大きな不満はないが、将来に対してさしたる希望も持てずにいる。金谷先生から『西国立志編（自助論）』を教えられ、仲間と共に学んでいく。

金谷《かなや》先生

4人が中学三年のときの担任で社会教師。彼らの卒業が、ちょうど自分の定年を迎える年だったことと、彼らの人懐っこく優しい性格から、特に思い出深い生徒たちだと思っている。4人に頼まれ、渋々『西国立志編（自助論）』に関する特別講義を行うことになる。

CHAPTER 01

『自助論』＝「純日本式成功哲学」

中学校の同窓会で再会した奈津子、正樹、あかね、慎。
悩みを抱えて行き詰まっている４人に、
金谷先生がある提案をするが——。

居酒屋九六
バタバタバタ
中学校第96期
同窓会様
ガラッ
ごめん遅れた!!
中川奈津子《なかがわなつこ》(25)
ゼネコン勤務
遅い!
奈津子は同窓会も遅刻か
相変わらずだなー
だって!仕事が長引いて…っ
ゼーハー
仕事は基本的にそんな忙しくないんだよ
じゃあお先に失礼しま～
PRRRR!!
…マジで!?
でも今日に限って出る寸前に現場からトラブったたって連絡があって…
ハアア…
うわ
タイミング悪すぎウケる～
おーこっちこっち～!
!

やっと来たか
大嶋正樹《おおしままさき》(25)
飲食チェーン店二代目
お疲れさま～
森山《もりやま》 慎《まこと》(25)
製薬メーカー勤務
遅いぞ!
北城《きたしろ》あかね(25)
フリーター
みんな!
わぁぁ 久しぶり～っ! 卒業式以来だね!
よっ
相変わらずだなー
あれ でも金谷先生は?
まだ来てないねぇ
んじゃ はじめるぞー!!

カン!
かんぱーい!
わい
わい
ね みんなはどう? 変わりない?
おう!
もちろん あたしは変わらず『目指せプロ登山家』! 外国の山にもちょいちょい登りに行ってるよ~!
すごーい さすがあかね!
相変わらずアクティブだねぇ
正樹も相変わらず順調に『二代目』やってんでしょ? お父さんのお店もすっかり全国チェーンだし
その呼び方ヤメロって!
…まぁな 企画部まとめていろいろやってるよ

おーっ!!
もう
いいだろ
俺の話は
それより
慎はどうだ？
研究順調か？
プイッ
えっ
俺のことこそ
別にいいでしょ
何の面白みも
ないし…
何言って
んだよ
研究者！
学年一の
頭脳だった
くせに！
そーそー
…いや…
研究にも
才能とかセンスが
いるんだよ
でも
たぶん俺には
ないみたいで
それに俺
要領も悪いし…
シーン…
って
ごめん！
湿っぽく
しちゃった!?
ええっと
追加のつまみとか
なんか注文——
俺さ

この間 自分の初企画として アニメキャラとの コラボ企画カフェ 出店したんだよ
でも大失敗!!
!
それから 社内での評判 ガタ落ち
所詮親父の 立場を笠に着る 『二代目』って 陰で笑われるし
正直もう プレッシャーに つぶされそう なんだわ
かっこわりー だろ?
そんな こと…!
実はあたしも 全然順調じゃ ないんだ
えっ…
山登りって お金がかかる のよ
だから 必死にバイトして お金ためて 外国行ってるけど
昔からずっと 登りたかった山に 資産家の娘の高校生が 簡単に登っちゃってさ

たくさんお金をかけて たくさん人を雇った いわゆる「大名登山」だったのに
マスコミで「登頂成功！」って取り上げられてて
女子高生が登頂成功！
もう正直 悔しくて 悔しくて
今まで してきたことに 意味なんて あったのかって
そろそろ潮時かなって…
でもみんな すごいよ！
私の生活には みんなみたいに 話せることが ないもん
…ときどきね「これでいいのかな」って思うことがあるんだ
確かに 失敗もないけど それは 目指してる方向が ないってこと
だから みんなは すごいよ

なんだか
深刻そうだね
どうしたの？
ズ
！
金谷先生!!
わあっ
金谷《かなや》先生（79）
元担任（社会教師）
お久しぶりです～！
うん
久しぶり
皆立派な
大人になって
あれから
10年も
経ったんだね
…それで？
よければ
聞くけど？

…ふうん
なるほどね
恵まれた環境だけど悩んでいる正樹
才能がないと落ち込んでいる慎
夢を追いかけることに限界を感じているあかね
そして…
漠然と日々をこなしている奈津子
そんなあなたたちには
『自助論』がぴったりかもしれないな

『自助論』？
なんすか それ
聞いたことある？
ん～…？
『自助論』にはね
〝純日本式成功哲学〟がぎっしり詰まっているんですよ
ピッ
「天は自ら助くる者を助く」
…って聞いたことない？

聞いたことがあるような気がします！
あるようなってお前…
これは『自助論』の冒頭に書かれている言葉
意味は？
えっ！
えっと…
すみません…
もー
『自ら助く』っていうのは『自立して他人に頼りきらない』ということ
必要以上に多くの援助を受けた人は自分で頑張ろうとしなくなってしまう
でも自分自身の力で成し遂げればそれは必ず次につながるし
その発展は防ぎようもないくらい強い勢いを持つんだ

なるほど
…なんか やる気 復活して きたかも
俺も…
先生!
タ
私たちに授業を してください!
自助論の授業!!
おっ
俺からも!
お願いします!
是非っ!!
えっ
キパッ
無理 忙しいから

えええええええっ
教え子が頭下げてるんですよ!?
そんなバッサリ!?
けちー!
ムッ
こっちにも都合があるというものオープン前でバタバタしてそれどころでは……
待てよ…? この子たちに手伝ってもらえば……
!
わかりました! そこまで言うならやりましょう
わっ
うそ!?
いいんですかっ!?
ええ!
場所は後で連絡するから
じゃぁ今週の土曜日ね
わーやったー!!

―土曜日―
ザッ
……で
ガラッ
なんで私たち掃除なんてしてんですか――っ!!
騒がない！ご近所迷惑ですよ～
ブチッ
ブチッ
先生っ!! 授業はどうなったんですか!?
それにここは何!? 先生の家じゃないし！
ってかなんで雑用しなきゃなんないんだ!!
ぎゃい ぎゃい
何事もタダで得られるものはありません
…ま でも休憩がてら
そろそろ話しましょうか
『自助論』の原題は〝Self-Help〟

1859年イギリスでサミュエル・スマイルズという人物が手がけた書籍です
当時の成功談をまとめたものなんだけどその数がすごい
収められている成功談はなんと300人超！
300人⁉
「西国立志編」
そして日本では1870年に『西国立志編』という名前で出版されました
あっそれ歴史の教科書にもありましたね
えっほんと⁉
さすが慎！
ほー
よく覚えてたね！
エライ！
そう明治維新期の日本においてあの福沢諭吉の『学問のすゝめ』と肩を並べるほどの大ベストセラーでした

福沢諭吉は流石に覚えてる！
そりゃぁ愛しの一万円札だしな
あれ？
でもこの間「純日本式成功哲学」っていってたけど
もとはイギリスの本なんですね
そう それには翻訳に秘密がある
翻訳？
どういうことですか？
この翻訳を行ったのは「中村正直」
「彼が翻訳を行った」というのがポイントなんです
実はね
『自助論』の原文と訳文をよくよく比べると
ときどき誤訳とも読み取れる場面があるんだ

えっ
じゃぁその中村さんて人英語が不得意だったんですか!?
いやぁそんなはずはない
何せ中村正直は明治維新における思想界のリーダーだ
福沢諭吉らとともに日本の礎を築いた教養人でもちろん英語も堪能だった
それなのに…誤訳ですか？
あっひょっとしてあえて意図的に!?
今となってはその誤訳に見える部分が意図的かどうかはわからないよ
SELF・HELP SMILES
『西国立志編』という名で日本に紹介された『自助論』は
中村正直というフィルターを通した日本式『自助論』だったからこそ
多くの日本人の心をつかんだといえるんだ
…ただ

それじゃ どんなことが 書いてあるんですか？ 早く教えてくださ——
ゴツ…
ドサッ
よいしょっ！
西國立志編
原名自助論
文學博士中村正直譯述
全13編 これをあなたたちに貸してあげるから
まずは分け合って読んでみなさいな
ええええええええ
教えてくれるんじゃないの〜っ!?
ビジネスの成功術が今すぐ知りたいのに！
そんなのあ
こらこら

『天は自ら助くる者を助く』でしょ
‼
私はしばらくここに出入りしてるから話したいことがあればいつでも来なさい
それじゃっ
スパンッ
ちょまっ
結局あたしたち掃除しにきただけ⁉
マジかよ⁉
そんなぁ！
文館藏版
改正
西國立志編
原名自助論
館藏版
自助論…か…

CHAPTER 01
解説

01

自助論に綴られた成功哲学

『自助論』は明治時代の大ベストセラー

皆さんは、自分より成功している人を見たときに、どのように思うでしょうか？「もっとお金があったら」「才能があったら」「助けてくれる人がいたら」「夢があったら」自分だって成功できるのに——そんなふうに考えたことはないでしょうか？

現代の日本人の生活は、物質的には驚くほど豊かになりました。にもかかわらず、社会にはどこか閉塞感が漂い、本書の登場人物である奈津子、正樹、あかね、慎のような満たされない思いを抱えている人たちが少なくありません。自身の現状を憂い、といって変えるための行動に移すこともできず、成功している人たちをうらやんでいる——実は、そのような人たちにこそ読んでほしいのが、『自助論』なのです。

マンガの中でも触れましたが、『自助論』（原題『Self-Help』）は、１８５９年にイギリスのサミュエル・スマイルズという人物が手がけた書籍です。西洋の人たちの成功談をまとめたもので、その数なんと３００人以上。日本では、中村正直の手により、１８７０年に『西国立志編』という名前で出版されました。すると、明治維新初期の日本においてまたたく間に評判となり、１００万部を超える大ベストセラーとなったのです。同書の評判は日本に啓蒙書ブームを巻き起こし、1872年に発行された福沢諭吉の『学問のすすめ』が大ベストセラーとなったのも、本書がきっかけだったとされています。

現代に通じる『自助論』の教え

『自助論』には、成功した人たちの秘話が、これでもかというくらいに綴られています。近代国家の形成期において、漠然とした不安を抱いていた時代に、『自助論』の成功譚《せいこうたん》を読んだ有名無名多くの人たちが、明治維新の飛躍的発展を支えました。同じように、現代に漂う閉塞感を打ち破るためのヒントが、『自助論』にはあると考えられています。なぜなら、そこには時代を超えて人々が幸せを手にするための普遍的な法則と、多くの現代人が忘れてしまった『純日本式の成功哲学』がぎっしりと詰まっているからです。

『自助論』と『西国立志編』を巡る世の中の動き

■幕末（1853～67年）

1853年　ペリー来航
1859年　横浜・長崎などで西洋との貿易開始
★1859年　サミュエル・スマイルズ『Self-Help（自助論）』が出版される
1867年　江戸幕府が滅ぶ

■明治時代（1868～1912年）

1868年　五箇条の御誓文（明治政府がはじまる）
★1870～1871年　中村正直『西国立志編』が出版される
★1872年　福沢諭吉『学問のすすめ』が出版される
★1873年　明六社（啓蒙思想団体）が結成される（中村正直、福沢諭吉もメンバーに）
1875年　愛国社が結成（自由民権運動が盛り上がる）

CHAPTER 01
解説

02

『西国立志編』＝日本式『自助論』

日本式に昇華された『自助論』

『自助論』は、イギリス人の書いた本であり、登場するのは欧米の成功者たちのエピソードです。にもかかわらず、『純日本式の成功哲学』が詰まっているのはなぜでしょうか？

第一に、当時のイギリスで流行していた「功利主義」という考え方が、日本の気風に合っていたということが挙げられるでしょう。「功利主義」とは、19世紀にジェレミ・ベンサムが唱えた「最大多数の最大幸福」という、個人の幸福だけ得られればよいのではなく、社会全体の幸福と、個人の幸福の調和を図る考え方といえます。これは、和を尊び、目先の利益に惑わされないという、日本的な考え方と合っていました。だからこそ中村正直は、『自助論』を日本に紹介しようと思ったのです。

第二に、マンガの中でも触れましたが、翻訳にも秘密があります。

中村正直の翻訳した『西国立志編』を読む限り、私たちが現代の欧米にイメージするような、合理主義的成功哲学は見られません。これは、『自助論』に綴られる偉人たちが「自らの努力で成功を手にしてきた」という事実だけではなく、中村正直の翻訳によることも関係していると考えられています。

中村正直は、明治維新期における思想界のリーダーであり、福沢諭吉らとともに日本の礎を築いた教養人でもありました。もちろん、語学も堪能です。しかしながら、『自助論』の原文と訳文を比べると、厳密には誤訳とも読み取れる箇所も見受けられます。

中村正直による「誤訳」がただのミスだったのか、意図的であったのかは、今となっては分かりません。しかし、『西国立志編』は中村正直というフィルターを通したことで、日本式の『自助論』となり、多くの日本人の心をつかんだと考えられるのです。

『西国立志編』は、13の編と、各編のはじまりにある『中村正直序文』からなります。この『中村正直序文』から、彼の『自助論』や西洋に対する考え方を知ることができます。

本書では、この中村正直の視線とともに、日本人のための『自助論』を紹介していきます。

『自助論』を通して成功者になったサミュエル・スマイルズ

『自助論』の著者、サミュエル・スマイルズは、イギリス・スコットランドに1812年に生まれました。14歳まで地元の学校で勉強し、その後は町医者に弟子入りしたといわれています。スマイルズの父親が1832年のコレラ流行で亡くなった後は、母親が絶え間なく働き家計を支え、その姿はスマイルズに強い影響を与えたとされています。

1838年、26歳になったスマイルズは医者をやめ、急進派の週刊新聞の編集者になります。そこで偉人の伝記を書き始め、労働者向けの講演会でも披露するようになったのです。

そのときの講話をもとに、成功者たちの秘話を集めて紹介したのが『自助論』でした。1859年に出版されるや否や、たちまちベストセラーとなり、各国の言語に翻訳。それまで苦労を重ねてきたスマイルズが、『自助論』を通して自身も成功を収めた瞬間でした。

CHAPTER 01
解説

03
中村正直の言葉、その人生

人の強弱を比較し、優劣を競う必要はない

前項で述べたように、『西国立志編』には、各編の最初に『中村正直序文』がつけられています。第一編の序文には、中村正直が『自助論』を訳すにあたり、「なぜあなたは兵学書を訳さないのか」と問いかけられたときの答えとして、次のようなことが書かれています。

・「兵士が強ければ、国が平和というのか。西洋の国の強さは、兵によるものとでもいうのか。それは間違っている。西洋の国の強さは、人々が篤《あつ》く神を信仰し、自立する権利を持ち、政治が広く開かれていて、法律が公平であるところによるものである」

・「世界中の国々が、学問や文芸を通して交流し、必要を満たし人生を豊かにしていく道を、助け合い進むことによって、互いに平和を享受できる。だとすれば、どうして人の強弱を比較し、優劣を競う必要があるだろうか」

・「人徳を備えた人に敵はいない。戦争を好む者は最上級の刑罰に値する」

これらの言葉を見ると、中村正直の基本理念がよく分かると思います。そこで、本章の冒頭の問いかけにもう一度戻ってみましょう。中村正直に言わせれば、「人の強弱を比較し、優劣を競う必要はない」のです。「成功」とは何か、という問題もありますが、少なくとも努力なく人をうらやむ先に、「自身の成功」は存在しないのです。

男女平等・障害者教育にも尽力

中村正直は、イギリス留学を経て日本で『西国立志編』を書き上げた後、私塾「同人社」を開校します。そこでは、昨今の日本では当たり前になった「男女平等」の思想や障害者への教育について力を入れ、大きな影響を与えました。正直の人生を見てみると、まさしく『自助論』で述べられているような「君子」を兼ね備えた人であったといえるでしょう。

逆境を生かす　～『西国立志編』の精神そのままの中村正直～

1832年、江戸で生まれた中村正直は、幕府直下教育機関「昌平坂学問所」にて、儒学、蘭学、そして英語を学び、その優秀さが認められ30歳で幕府の儒学を取り仕切る役人に抜てきされました。

その正直に転機が訪れたのは、1866年のこと。幕府がイギリスへ留学生を派遣することになり、正直が任命されたのです。この留学は幕府の滅亡によりわずか１年半で中断しますが、正直は留学中にサミュエル・スマイルズの『Self-Help（自助論）』と出合うのです。

1868年帰国した正直は、幕府の滅亡に伴い自らの居場所を失い、静岡に移住します。しかし、正直はへこたれませんでした。静岡でのあり余る時間を使って『自助論』を翻訳、『西国立志編』全13巻を完成させたのです。『西国立志編』は瞬く間にベストセラーとなり、正直は晴れて東京に返り咲き、明治の思想界のリーダーとなっていくのです。

CHAPTER 01
解説

04

天は自ら助くる者を助く

「自ら助くる者」だけが発展できる

いよいよ、『自助論』の本編に入っていきます。

マンガの中でも触れましたが、『自助論』は次の一文から始まります。

「天は自ら助くる者を助く」

この言葉は、『自助論』の根幹をなす言葉であり、これこそ今までの人間が体験してきた、すべての成功・失敗から導き出された言葉だと、『自助論』では述べています。

「自ら助くる力」とは、「自立し他人に頼りきらないこと」を指します。マンガの中で、奈津子、正樹、あかね、慎の四人は、先生から『自助論』を直接教えてもらうのではなく、自ら努力して読むように言われます。なぜなら、その場で先生に助けてもらい、一度は乗り切れたとしても、二回目、三回目はどうでしょう。そのたびに四人は先生に助けてもらうのでしょうか？

そうなれば、この四人は自分自身で頑張る気持ちをなくしてしまい、一生先生に助けを求めることになります。他人の援助を受けると、その人は自分で自分を成長させることを止めてしまいます。

幸福は、自身の努力の先に

『自助論』の考え方は、皆が「自ら助くる力」を持てば、自ずと発展していき、ひいては個人の集合体である国も発展していくだろう、というものです。時折、「自分がうまくいかないのは、国や政治が悪いからだ」と不平をこぼす人がいますが、これとは逆の発想です。例えば、働きたくない人に、どんなに良い法律をつくったところで、本人が変わらなければ自ら仕事をすることはないでしょう。

自分自身の幸福を叶えてくれるのは、国でも政府でもありません。「自分」が努力しなければ、決して幸せを手に入れることはできないのです。

これは仕事においても、まったく同じことがいえます。いくら会社が仕事の状況や社内の環境を整備したとしても、自ら考えて動く人でなければ、必ず何かしらの新しい不満要素を見つけて、それをあげつらい会社を批判します。逆に、自分で考え努力し行動する人であれば、たとえ自分にとってベストな状態でなくとも、会社の悪いところは改善方法を考え、いいところはそれを最大限活用しようとします。

会社というのは一つの器であり、働くのは個人、自分自身です。大きな会社になればなるほど、変化は難しい課題ですが、それぞれが変われば、遅かれ早かれ必ず会社という器もそれに沿うように変わる必要が出てきます。

大切なのは、自分がどう働くか。会社の状況や周囲の同僚の働き具合ではありません。これは前項の「人の強弱を比較し、優劣を競う必要はない」という考えにつながってきます。では、どういう考え方を身につけていけばいいのか。次章より具体的に『自助論』について学んでいきましょう。

『西国立志編』一言名言集

―――『中村正直』編―――

一人《いちにん》の命は、全地球より重し。（第一編：序）

「一人の命は全地球より重く、尊いものである」という意味。1948年のとある最高裁上告審の判決文で使われたことで広く知られるようになった。後に福田赳夫《たけお》元首相が引用したことでも有名。

真正の学士は、賤業《せんぎょう》をなすを耻《は》じず。（第四編：序）

「真実の学士は、卑しいと思われる職業に携われることを恥じることはない」という意味。職業に貴賤《きせん》はなく、すべての仕事に真摯に取り組むことの大切さを説明している。

その成敗得失の機を察すれば、一にみな誠偽の二字に決するのみ（第五編：序）

世の中に起こりうることはすべて偶然ではなく、「その成功と失敗、利益と損失の分かれ目は、すべて誠か偽かで決まる」という意味。誠実さは成功するために何よりも必要なことを説明している。

剛毅《ごうき》ならざらんと欲すとも、なんぞ得《う》べけんや。（第八編：序）

「強い意志を持たなければ、何も手に入れることはできない」という意味。ここでいう強い意志は、根底に慈しみの心と信じる心を持って、目標に向かって努力する気持ちのことを指している。

CHAPTER 02

なぜ「言い訳」は駄目なのか？

仕事で大きなミスをしてしまった奈津子。
言い訳を繰り返す彼女に
部長が出した宿題とは――。

この度は
誠に申し訳ございませんでした！

バタン
くるっ
…失礼いたします
はぁ……

にゅっ
中川さん暗すぎ～！
わぁっ！
ずざざ
わはは
これを次に生かせばいいんだよ！
富田《とみた》 勲《いさお》(56)
総務部 部長
だから切り替え切り替え！
じわ…
…ほんとにすみません
まさか伝票の書き間違いで大量発注しちゃうなんて…
ありえないですよね私
わはは！
気にしない気にしないっ！
バン
バン
はい…
でも、
発注元は返品に応じてくれるでしょうか？

ハア…
うん… 最大の問題はそこなんだよねぇ……
ほんっとにすみませんっ!!
——あの でも実は
前の日ちょっと寝不足で
しかも伝票を書いてるときに立て続けに電話がきて
それでちょっとパニックになっちゃって
普段はこんなことないんですけど
とにかくその日は万全な状態じゃなかったというか…
中川さんストップ

！
あのね中川さん
知恵ってさ失敗から学ぶものなんだ
…はい？
しかしねぇ
当たり前で使い古された言葉のようだけどこれが結構難しいわけだ
なんで難しいかわかる？
…いえ…
というか話の展開も読めない…

つまりね
失敗は誰だってする
でも その失敗を『認める』のが何より難しいってこと
失敗を認める…？
そう 認めるというのは
失敗したダメな自分―― つまり理想とは違うカッコ悪い自分と向き合わなければならないから

だから今の
中川さんのように
仕事で失敗すると
何かのせいに
したくなるだろう
他人や環境
といったことにね
その気持ちは
本当に
よくわかるよ
――っ！
でも
そんなときは
グッと気持ちを
抑えるんだ
グッと…
そう！
人って
成功よりも
失敗から学ぶ
ことの方が
はるかに多いんだよ

でも言い訳をして
何かのせいにし
失敗を認めなければ
また同じミスを犯す
それだけじゃない
大事な
成功へのヒントを
つかむチャンスを
自ら投げ出している
ってことなんだ
大事な
成功への
ヒント…

…きっとね
何が原因であろうと
言い訳は決して人を成功に導くことはないんだよ
……

パン!
さて!
それじゃあ今回のミスを踏まえて
中川さんは一体何をすればいいでしょうか?
——うぇぇっ!?
わはは!!
いーオドロキっぷり!
ちょっとまっ…急に!?
さっきの今ですぐに頭が回るわけ…!!
むむむ無理!無理です!!
じゃぁこれ明日までの宿題ね~☆
そんなあ~~~!!

――ていうことが今日あったんだよねえ
もーホント やんなっちゃう
へぇー
面白い部長さんだなぁ
しっかし奈津子らしい失敗！
らしいって何よもお〜！
ハア…
いつでも来ていいとは言ったけど
まさか翌日から全員来るなんて…

まあまあ!
それに私たちちゃんとお手伝いしてるじゃないですか!
……。
なんか釈然としない…
――にしても
『言い訳は人を成功に導くことはない』……か
ずーん
胸に突き刺さるねぇ…
ホントな…
っでもさぁ!
部長ったら意地悪しないで教えてくれてもよくない!?
……
ねぇ慎はどう思う… あれ どうしたの?
あぁ いや

なんか自助論にも同じようなことが書いてあったなあ…って
ええええ!! もう読んだの!?
昨日もらったばっかりだぞ!?
さすが元学年トップ…!
いや そんな…
ほほう 結構読み進められているみたいだね
えっ
いえ
難しいから まだまだ全然途中までで…

18世紀
イギリスに
解剖学者で
外科医だった
ジョン・ハンター
って人がいる

彼は
外科医が治療の
失敗と成功を
書き残す勇気が
なかったら
外科医学が発展する
ことはない
——といつも
言っていたそうだよ
これは
『西国立志編』第十一編の
「みずから修むることを論ず、
ならびに難易を諭ず」
にある話だ

失敗と成功を書き残す勇気…
失敗をなかったことにしちゃいけないってことか…
ほんとにそうだよね…
自助の精神っていうのは“自立して人に頼り切らない”ということ
他人に多くの援助をすればその援助を受けた人は自分で頑張ろうとする気持ちを失ってしまう
——でも
自分で成し遂げたことは必ず発展していくものだからね
に.

…言い訳って
ただの甘え
なのかもな
うん
そうだね…
ぎゅ…
…私
甘えてた
それに部長は
私のことを
ちゃんと思って
言ってくれてたんだ
スッ
——私
ちゃんと
考えてみます！
おし
がんばれ！

翌日
ガチャ
あ 中川さん
早いねえ
部長！
おはよう
ございます！
おはよー
ガタッ
ババッ
昨日は本当に
すみませんでした！
おっ
ちょっと元気に
なったっぽい？
はい！

それであれから考えてみたんですが
ピラ
企画書
余分に発注してしまった分をC市の現場に提案するっていうのはどうかなって！
企画書
ああ！あそこはコストダウンで相談がきてたね
なるほど
そうなんです！
それで詳細はですね――……

CHAPTER 02
解説

01 言い訳は成功を遠ざける

誰であっても失敗はする

人間は、誰でも自分の失敗を認めたくないがために、言い訳をしたくなるものです。マンガでも奈津子が、仕事での誤発注の失敗を、寝不足や重なった電話対応など、『自分が万全の日ではなかったから』と言い訳してしまっています。

素直に自分の失敗を認めるのは、なかなか難しいことです。けれども、多くの失敗には、成功に導く大切な要素が含まれているのです。

例えば初めて行った営業先で、取引先の人がまったく話を聞いてくれなかったとします。その理由を、「相手が忙しかったから」「感じの悪い人だから」「見る目がないから」など、聞いてもらえなかった理由を外部に求めるのは簡単です。しかし、それではいつまで経っても契約を取ることはできません。「話に引き込むことができなかった」という自分の失敗として受け止め、「どうして話を聞いてくれなかったのか」「どうしたら聞いてくれるのか」を考えれば、次に打つ手が必ず見つかるものです。

イギリスの解剖学者で外科医だったジョン・ハンターは、常にこう言っていたそうです。

「外科医が、治療の失敗と成功を書き残す勇気がなかったら、外科医学が発展することはない」

彼は自分の医療ミスを素直に受け止め、失敗をうやむやにするよりも、失敗から学ぶべきだ、という考え方をしていたそうです。

また、イギリスの偉大な発明家にして、電力単位（ワット）などの名前の元になったジェームズ・ワットは、機械工学において最も重要にして欠けているものは、失敗の記録だと考え、このような言葉を残しています。

「工人たる我々に欠けているものは、汚点を書き留めておくことである」

失敗の理由を突き止めることは、成功へのヒントをつかむことと同義です。人は失敗によって、「実現できない理由」を見つけることができるのです。つまり、失敗は成功に近づくための、重要な工程なのです。

失敗の分かれ道

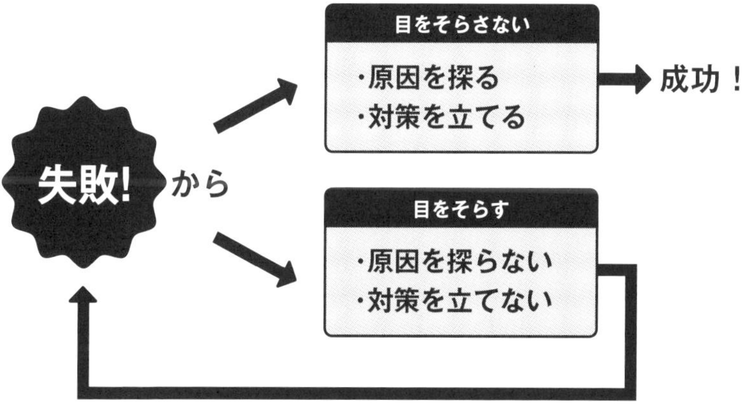

▲言い訳をして失敗から学ぼうとしなければ、結局また失敗してしまうだろう。

CHAPTER 02
解説

02

失敗を恐れてはいけない

眠る獅子より、吠える犬になれ！

あなたがもし仕事中に、現在のシステムの不満を解消する画期的なアイデアを思いついたとします。しかし、その方法は確実に成功するかは分かりません。その時、あなたはどうしますか？ そのアイデアを上司に報告しますか。それとも、失敗を恐れて意見を飲み込みますか。

「眠れる獅子より、吠える犬になれ」と『自助論』では述べられています。ライオンは確かに強いですが、眠ってばかりではせっかくの能力も隠れてしまい、意味がないでしょう。

例えば、どんなに長所を持っていても、何もアクションを起こさず、自分の殻に閉じこもっている人は、決して功績を収めることができないでしょう。画期的なアイデアを思いつくことができる能力があるのに、自分のうちにばかり秘めていると、結果、自分が得るはずだった成功は永遠に得られません。

それに比べれば、よく吠える犬の方が自らチャンスを得る機会は大きいと言えます。

失敗することは恐ろしいことですが、前述のとおり、実際に失敗しても成功へのヒントになると考えれば、とりあえず「吠える犬」なってみるべきでしょう。

チャンスを逃さない行動力

マイケル・ファラデーはイギリスの科学者で、電磁気学において多大な貢献をした人物です。ファラデーは製本所に勤めていましたが、そこに偶然、王立科学研究所の職員が訪れました。その際、ファラデーは製本するために作業していた百科辞典の「電気」の項目が気になり、読みふけっていたのです。研究所の職員は、それを見てファラデーに見込みがあると思い、彼に研究所の講義を見学する許可を与えます。

その後、ファラデーは研究所に入りたいと強く懇願し、勤勉を重ね、ついに研究所に入所できたばかりか、教授にまで上り詰めていきます。

彼は運が良かったのですが、それだけではなく、チャンスを逃さない行動力がありました。チャンスを見つけたら、躊躇《ちゅうちょ》せず飛び込んでみるべきだといえるでしょう。

▲奈津子は自分の失敗と向き合い、失敗を生かすような提案をした。

CHAPTER 02
解説

03
『できない』ことはない

強い意志を持てば不可能はない

フランスの偉人ナポレオン・ボナパルト（ナポレオン一世）は、常日ごろから、強い意志さえあればどんなこともできると信じ、さまざまな功績を残しました。

ナポレオンが行軍しているとき、従者から「行く手にはアルプスの山々があります」と知らされましたが、ナポレオンはこれに対して「アルプスとて、私の行く手を阻むものではない」と答え、今までとは全く違う新しい道を開拓し、軍を進めました。また、「ここは登ることができない道です」と言われると、「『できない』という文字は、愚者の辞書にしか記されていない」と言い、決して歩みを止めませんでした。

このようにナポレオンは、強い意志でもって、『できない』ことを決して言い訳にはしませんでした。

他人ができたことは必ずできる

『自助論』にはこの後も偉人の成功譚が次々と出てきます。しかし、この成功例を「これは彼らだからできたのであって、自分には到底このようなことはできない」と萎縮してはいけません。

イギリスの物理学者トマス・ヤングは、こういった格言を残しています。

「人というものは、他人が既に成し遂げたことは、必ず成功させることができる」

ヤングが初めて馬に乗ったとき、一緒にいた馬の名手と呼ばれた人物が、彼の先の高い柵を簡単に飛び越えました。これを見たヤングは、自分にもできると柵を飛び越えようとしますが、失敗して落馬してしまいます。しかし、ヤングは諦めず、一言も言い訳をせずに馬に飛び乗り、再度柵を乗り越えようとしました。そして三度目の挑戦で、ヤングは高い柵を飛び越えることに成功したのです。

このように、一度他人が成し得たことは、必ず自らも達成できるのです。必要なのは、強い意志だけと言えるでしょう。

偉人の生き方 1

ナポレオン・ボナパルト（ナポレオン一世）

「『あたわず』という字は、愚人の辞書に見ゆるのみ」(『できない』という文字は、愚者の辞書にしか記されていない)という言葉で有名なフランスの偉人。

ナポレオンはアーコウラの戦いの際、わずか25人で大軍を破ったことがあります。この時は3日間の大戦闘の後で、敵も自らの軍も疲労困憊していましたが、ナポレオンは「このチャンスを逃してはいけない」と思い、すぐさま25人全員で敵に攻撃を仕掛けました。敵はこれに驚き、慌ててすぐさま敗走していったそうです。

このように、ナポレオンは常に強い意志を持ち、ピンチすらチャンスに変えてしまう人物だったのです。

『失敗』編

横禍《おうか》は人を天に導く楷梯《かいてい》なり。（第十一編：三十二）

古いことわざ。「逆境は人を天上に導く階段である」という意味。困難に直面し失敗を繰り返したとしても、その苦しい環境や失敗こそが自らの才能を伸ばし、精神力を鍛えて、より大きな成功へとつなげることができる。

事功をあえて担任せざるものは、凶禍失敗を恐るるの念、はなはだ多くして、ついに大勲績《だいくんせき》を奏することあたわず。（第七編：表紙）

モントローズの詩より。「仕事をあえて担当しない人は、災いや失敗を恐れる気持ちがとても大きいため、最終的に大きな功績を残すことはできない」という意味。

人生の失敗その一半は、馬のみずからよく跑《か》け行くものを、みだりに控引するがごときことによりて起こる（第十一編：十三）

古人の金言。「人生の失敗のその半分は、馬が自分自身で調子よく走っていっているものを、わざわざ手綱を引いてブレーキをかけてしまうようなことによって起こる」という意味。

失敗すれども屈せず進み行きて止まざる人は、わが望みの深く属するところなり。（第十一編：二十九）

チャールズ・ジェームズ・フォックスというイギリスの政治家の言葉。「失敗しても屈せず突き進み止まらない人は、私が最も望んでいる人物です」という意味。

CHAPTER 03

仕事で「成功」する方法

以前自分が提案した企画が失敗したことで、
社内の信頼を失った正樹。
“2代目”の重圧に苦しむ彼に先生は——。

Ohshima Food
プルルルルル
はい その点につきましては…
カタ
カタ
カタ
カタ カタ
カタ
企画案
……
企画案
カタ
カタ
カタ
カタ
カタ
企画案

これじゃだめだ…
大島さん
例の定例フェアの
スケジュール表
どうなりました？
あ すみません
まだです
まだですか？
一昨日も早めに
出してくださいって
言いましたよね？
…今度こそ早めに
お願いします
は…
はい…

はあ…
カタ、
ピン
ピン
ピン
くそ…！
ぐりっ
そりゃアニメコラボの企画は失敗に終わってしまったけど…
そもそも他の社員が支えてくれなかったから
あー
ゴメン今ちょっと忙しくて
えっ？アイデアって、う〜ん
はい おねがいします
そうだよもっとみんなの協力があれば失敗なんて…
あの、
フーン ガンバってネ

…私
甘えてた
部長は私のことを
ちゃんと思って
言ってくれてたんだ
言い訳
ばっかりだな
俺も
自立して
人に頼り切らない
自分で成し遂げたことは
必ず発展していく…か
改正
西國立志編
中村正直譯述
博文館藏版
自分で
学んでみるか
SELF HELP
BY SAMUEL SMILES
BY K. NAKAMURA.
改正
西國
東京
文學博士中村正直譯述
博文館藏版

お邪魔しまーす！
ガラッ
みんな来てたのか
正樹！
今日は来ないのかと思ったよー
いらっしゃーい！
ボンッ
本当に君たちは毎日遅くまで居座る気なのかね…
おつかれー
上がんなよ
キャッ
キャッ

このリスト いい?
あぁ
はぁ…
大丈夫? 疲れた?
ああ いや うん……
みんな『自助論』読んでるか?
俺も 読みはじめたんだけど なかなか難しくて
あ〜
難しいよね!
俺も読んでるけど 正しく理解できてるか ちょっと自信ないな
私も… 全然わからない

そうですね 原文は難しいですし
わからないところは ちょっとは解説も してあげますよ
本当ですか！
やったー！
お願いします！
さて どこから始めようか！
あ 先生 俺ここまでは 読んだんですけど
えっ 早い！
さすが慎

先生は昔もこうやって困っている俺たちに特別授業をしてくれたっけ
なんか懐かしいなこういう感じ
うん
なんか変わってないね私たち！
ほんとに！
成長してないってこと？
あはは

ははは
正樹
なんかさっきから疲れてない？
なにかあった？
…実は
今会社にいるとプレッシャーで息苦しくてさ
新しい企画を考えてるから通常の業務も圧迫してしまってるし
それでまた結果も出せなかったら…

正樹…
…
いいですか
『西国立志編』には
『5箇の性能、ならびに
小事のゆるがせに
すべからざること』――
つまり
『重要な5つの能力と
おろそかにしては
いけないこと』
という項目があります
えっ？

一、勤勉な心を持つこと
二、どんな物事にも細部まで注意して取り組むこと
三、最良の方法に従い、順番を間違えないこと
四、期限を厳守すること
五、敏捷《びんしょう》に対応すること
さて みんなはこれを 何個クリア できているかな？

新しい企画を早く完成させたい!
通常の業務…いいや 後で
みんなを見返してやるんだ!
えっ まだですか?
…今度こそ早めにお願いしますね
二代目…
くすくす
またか…
やれやれ
俺 今言われた5つ全然できてない…

どれも当たり前のことのようだけれどどんな場面でも必要になる重要な能力です
だからこの5つの能力をおろそかにせず伸ばしていくことがとても大切なのです

先生…
ぐ
翌日
すみませんでした

ふかぶか
びっくり
ど どうしたんですか 急に…
今まで 結果を急ぐあまりに 色々と 疎かにしていました
改めて きちんと一から 勉強しようと思います
バッ
どうぞよろしく お願いします！

わかりました
一緒に頑張りましょう
顔あげて
ありがとうございます！
声でかいから(笑)
できました!!
えっ 早いね！
大嶋さん この間出した新企画面白いですよ！
もう少し詳しく話聞かせてくれませんか？
はい ぜひ！今行きます！

CHAPTER 03
解説

01

成功するために必要なこと

重要な「5つの能力」

仕事であっても、日々の生活であっても『自助論』にはどんな場面でも求められる、重要な「5つの能力」という項目があります。

「一に勤勉して心を用うること（勤勉な心を持つこと）」
「二に繊細なること（どんな物事にも細部まで注意して取り組むこと）」
「三に順便なる方法にしたがい序次をたがえざること（最良の方法に従い、順番を間違えないこと）」
「四に時期をたがえざること（期限を厳守すること）」
「五に敏捷《びんしょう》なること（敏捷に対応すること）」

人として生を受け、人生を全うするうえで、誰にでも「本分の職業」、つまり天職があるといわれています。それは、人によっては商売であったり、政治であったり、または家事を全うすることかもしれません。誰にとっても「天職」があり、この5つの能力を伸ばすことが、どんな仕事をしていても密接に関係していくと言えるでしょう。

毎日の習慣が人生をつくる

この能力を意識していなかった正樹は、自ら発案した企画がうまくいかず、さらに普段の業務をおろそかにしたせいで、職場での評判が落ち、プレッシャーに押しつぶされそうになっていました。

物事を先延ばしにして、本来やらなければいけない業務ではなく、自分のやりたい仕事ばかりを優先していれば、どんなに才能があっても、周りの協力は得られないでしょう。

先に挙げた「5つの能力」は、一見どれも当たり前のことのように思えます。「本当にこんなことで成功できるのか？」と思う人もいるかもしれません。

しかし、その些細なことの繰り返しが、やがて習慣となり、その人の人生を充実させるための大事な要素になるのではないでしょうか。

5つの能力のポイント

一 に勤勉して心を用うること 勤勉な心は基本中の基本。

二 に繊細なること 細部にまでこだわれば、完璧なものができます。

三 に順便なる方法にしたがい序次をたがえざること
袋の中にものを入れるように、物事には順番があり、正しい順番で入れるとより多くのものが入るでしょう。

四 に時期をたがえざること 締め切りを守らなければ、すべてが台なしです。

五 に敏捷なること 「時は金なり」。だらだらと作業しては、終わるものも終わりません。

CHAPTER 03
解説

02 時間をおろそかにしない

今日すべき仕事を明日に延ばすな

いつまで経っても仕事が終わらないような人は、必ずどの職場・環境にもいるでしょう。
昔、イギリスの大臣に、どんなことも途中で投げ出し、失敗してしまう人物がいました。
彼は常に「明日の朝まで延ばせることは、決して今日はやってはいけない」と言っていたそうです。
一方、フランスのある大臣で、迅速に仕事を処理することができる優秀な人物がいました。彼は忙しいのにもかかわらず、芝居やレジャーにもよく顔を出していたそうです。
なぜそのようなことができるのかと聞かれた際に、大臣はこう答えました。
「今日やるべきことを、明日に伸ばさないからだ」
また、リチャード・セシルという教師は、常人とは比べものにならないほどのスピードで仕事ができる人物でした。彼は「多くのことを実行する方法は他にはなく、目の前にあることをすぐさまやること」という言葉を残しています。
このように、今日すべき内容は、必ず今日やるべきなのです。明日にずるずると伸ばしていては、決して仕事は終わらないでしょう。

一日十五分の使いみち

そうは言っても、現代社会では、毎日忙しく、今日やるべきことをやれず、明日に延ばしてしまう、という方も多いのではないでしょうか。

しかし、時間を無駄なことに費やさず、毎日15分だけでも集中して、仕事や学習などに取り組めば、五年間で約456時間にもなります。それだけの時間をつぎ込めば、自分でも実感できるほど力が身についているでしょう。

時間を意識し大切に使っていれば、仕事などでどんなに忙しくても、どこかで一日15分程度の時間はつくれるのではないでしょうか。この15分の使いみちが、後の人生を大きく左右することになるかもしれないのです。

たったの15分、されど15分

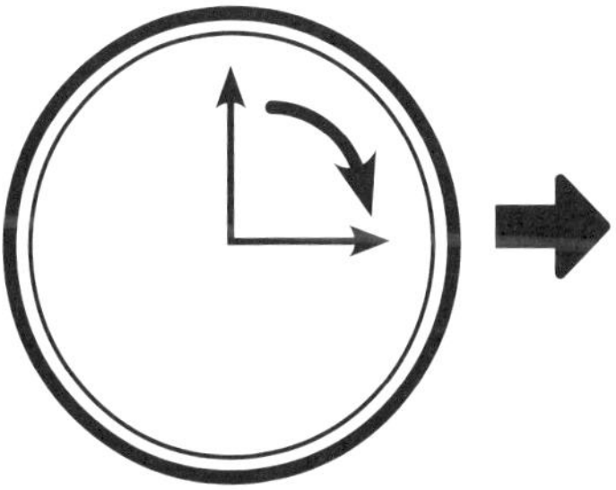

1日たった15分だけでも

1週間で……… 105分
1カ月（30日）で …… 7.5時間
1年で………約91時間
5年で…… 約456時間

毎日続けると長い時間に！

CHAPTER 03
解説

03 仕事と人生

職業によって品格は変わるものではない

昔から「文学の才能がある人は、働くことに向いておらず、働いている人は、文学の才能に恵まれていない」と考え、煩雑な仕事を嫌がり、特別な仕事しかやりたがらない人がいます。これは大きな間違いと言えるでしょう。

ある雑貨商の家に産まれた少年が、将来その職に就くことを恥だと思い、自殺してしまうということがありました。この少年はおそらく、一人前の雑貨商にもなれなかったと思います。

職業で品格や身分が決定されるわけではなく、その職業に就いた人次第で、その職業を素晴らしいものにも、さげすむようなものにも変えてしまいます。この雑貨商の少年の精神こそが貧しく、卑しいものであり、このような考え方では、どんな職業に就いても、きっとさげすまれるような仕事にしてしまうでしょう。

真面目に労働をして、正当に利益を得ることは、その人自身の発展につながるだけではなく、経済も成長させ、国全体が豊かになる行動です。これはどんな仕事であっても変わらず、尊いものと言えるでしょう。

不幸な人生と 幸せな人生

「不幸な運命に生まれてしまったために、問題ばかり起きてしまう。私は何も悪くないのに」という人がいます。その人の話をよく聞いてみると、これまで怠け者だったり、物事をやり遂げられない人だったり、学習をおろそかにしたために、幸運を逃した、という場合が少なくありません。

それとは反対に、目標に向かって努力を重ねる人は、不幸に見舞われることはあまり多くありません。こういった人は、正しい手段で着々と利益を得るため、何も努力せず自らの境遇を嘆くだけの人よりも、より多くの幸福が舞い込んで来ることでしょう。

自らの環境に不満があるなら、自分の力で解決していく必要があります。結局のところ、不幸は身から出た錆《さび》であることが多いと言えるかもしれません。

偉人の生き方 2

ワーズワースの詩

人の常に信義を守り、
他人に委任せらるるものは、
身を降して世間の声名財利を求むることなし。
しかれども、声名財利、時雨の降るがごとく、
必ずその人の頭上に集まり落つることなり。

（意味）
常に信義を守り、他人から信頼されている人は、自分を落とすようなことをして、名声や財産を求める必要はない。なぜなら、名声や財産は時雨が降るように、必ずその人の頭上に集まって落ちるからだ。 ※ワーグワース……イギリスの詩人

――『仕事』編――

汝《なんじ》、暫時《ざんじ》留まれ。しからば、かえって早く結局を見るべし（第九編：十四）

知者の言葉。「立ち止まることで、かえって早く完結できる」という意味。がむしゃらに進めるよりも、一度手を止め現状を確認すれば、どこが不足しているか分かり、かえって早く物事を終わらせられる。

一時に一事を做《な》す（第九編：十六）

オランダの政治家デ・ウィットの言葉。「一度に一つのことをする」という意味。一遍に一つ以上のことに手をつければ注意が行き届かなくなるため、一つをやり遂げてから次に移る方がいい。

光陰はわが産業なり（第九編：二十）

イタリアのある科学者の言葉。月日（＝光陰）は財産である、という意味。もし月日が流れるままにむなしく過ごせば、利益を得られないばかりではなく、むしろ損害を受けてしまうことになるだろう。

端正信実は最善の処法なり（第九編：二十八）

昔のことわざ。「正しい行いと、誠実であることは、何よりも最善の方法である」という意味。端正信実である人は、完全な状態で商品を世に出すため、必ず大きな名声や財産を得ることができる。

CHAPTER 04

努力は「身分」を超える

アルバイト漬けの日々の中で、
夢への限界を感じているあかね。
自らの逆境を嘆く彼女だったが——。

わい
わい
ハア…
ちょっと先生！辛気臭い顔してどうしたんですかー
そうですよ！せっかく私たちが手伝いに来てるのに！
………。
それこそが元凶なんだよねえ…

あそこはテーブルを置くからスペースを開けておいてね！
はぁーい
あれ？
そういえば…
言われてみればまだちゃんと説明してなかったね
ねぇ先生ところでこの店はどういう店なの？
ずばり
古民家カフェだよ
古民家カフェ？

ここってなんか懐かしいっていうか古き良き日本って感じの家ですよね
こういう場所で若い人や外国人に日本の文化を伝えられるような
そんなお店をずっとつくりたかったんだ
僕の昔からの夢だね

へぇ…！
そうだったんだ
なるほど素敵～！
夢…か
先生はすごいね
自分の夢をちゃんとかなえててさ
！
…この間言った『大名登山』した子が登山雑誌に出ててね
え？
でもあかねだって夢に向かって頑張ってるじゃない？

BIG対談!!
特集
あたしの
あこがれの登山家と
対談した記事が載ってて
なんかこう…
悔しくて悔しくて
あたしは毎日
必死でバイトしながら
どうにか山に登ってる
っていうのにさ…
ハッ
シーーン
…
…。
ははは!
いいよねー
お金持ちの家に
生まれちゃえば
人生勝ち組
だもんね!
ムッ
…自助論で
読んだけど

地動説を唱えたことで有名な天文学者のコペルニクスはポーランドのパン屋の息子※
アイザック・ニュートンはイングランドの小作農家の息子
ケプラーの法則を唱えたドイツの天文学者ヨハネス・ケプラーはドイツの小さな居酒屋の息子で自分でもウエーターの仕事をしてた
それに数学者のラプラスはフランスの農家の息子——
幼少時代にひどい逆境であっても
勉強に励むことによって素晴らしい名声を得た人物は多いからな

※諸説あります。

な 慎！
そうだよな！
バッ
ええっ!?
オレ!?
ゴソ…
あうん
ええっと確か…
パラ…
『貨財に富めるものは、かえってこれがために、進修を障害せらるるものなれば、その害たる、貧賤より大なることなり』
…だよね
意味はつまり——
SELF HELP
改正 西國立志編

財産が多くある家で育つと
その財産がかえって
本人の成長の
障害になることがあり
それは貧乏や
身分の低さがもたらす
障害よりも大きいもの
ス,
——ということだよ
よく
読んでるね
はい!
勉強するって
決めましたから!
スゴーイ
正樹!!
何よ…

あたしの努力が足りないって言うの!?
あかね!?
ええっ
いやそんなこと一言も――…
バッ
あたしはこんなに
こんなに頑張ってるのに…っ!
もういい!!
あかね!
バッ

先生…あかね大丈夫でしょうか
うーん…でも彼女自身のことだからね
俺言い過ぎたかな……
はあ……
飛び出してきちゃった
みんな心配してるかな…

キーッ!!
だけどあんな言い方しなくたって
正樹ったら偉っそうに!
——でも
本当に勉強してるんだなぁ…
バン
だめだっ!
やっぱり言葉が難しすぎてわかんない～!!

あーもー
やめやめ！
ムリムリ！
ドスッ
ぐら…
バサーッ
あ゛ーっ!!
わわわ
やばっ――……
あれ？
人物紹介のところは
まだ読みやすい…かも？
18世紀のフランスに
ジャカールという
発明家がいた
彼は非常に貧しい家庭に
生まれながら
織機の発明で
名声を得た人物だった

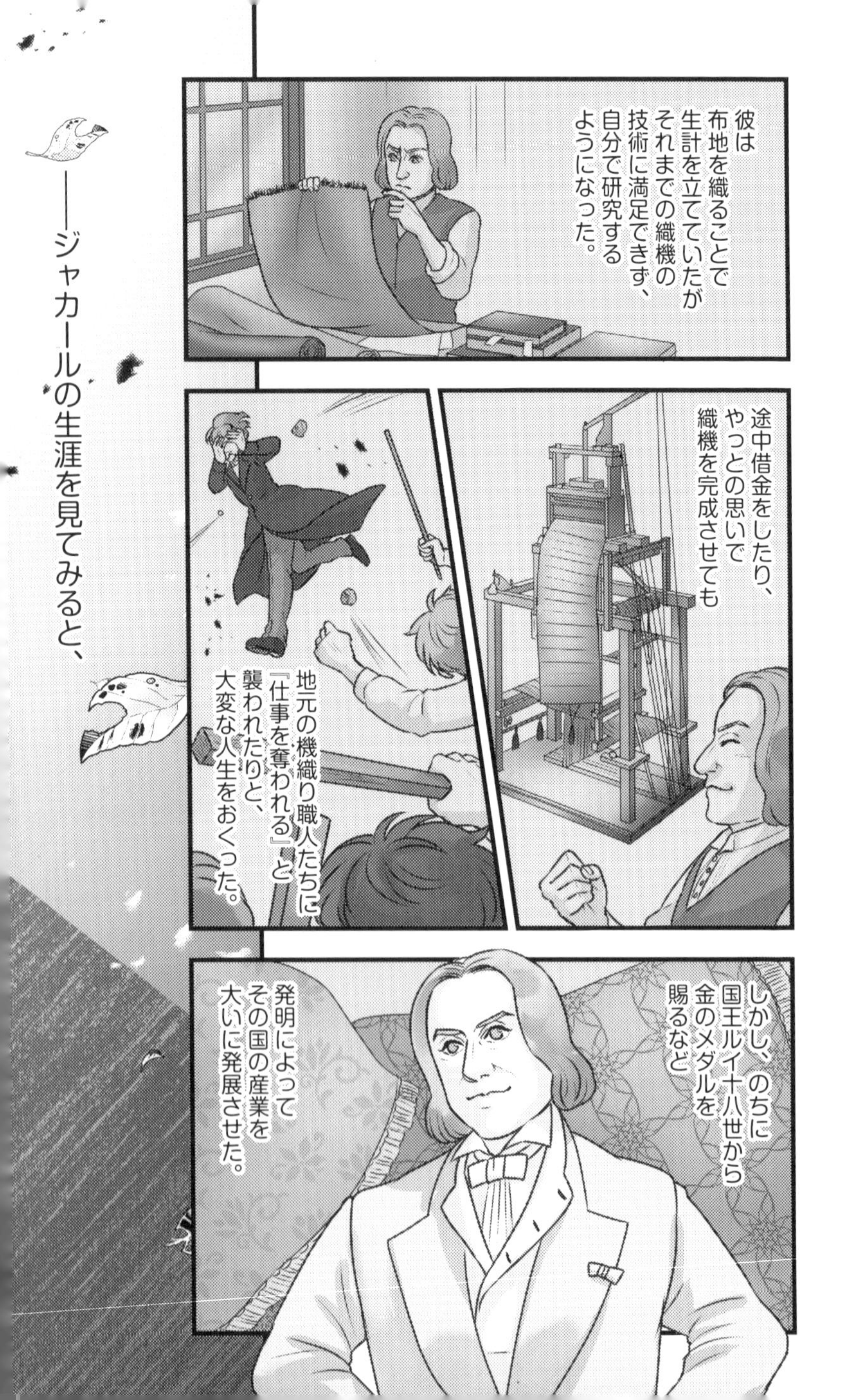
——ジャカールの生涯を見てみると、
彼は布地を織ることで生計を立てていたがそれまでの織機の技術に満足できず、自分で研究するようになった。
途中借金をしたり、やっとの思いで織機を完成させても
地元の機織り職人たちに『仕事を奪われる』と襲われたりと、大変な人生をおくった。
しかし、のちに国王ルイ十八世から金のメダルを賜るなど
発明によってその国の産業を大いに発展させた。

どんなに低い身分の出身でも知識や思考能力があり努力することができる人物は
国中が見習うべき手本となり、経済を発展させ大きな功績を残すことができるということがわかる。
…こんな大変な目にあってるのに
生まれだって裕福じゃないのに
こんなにも努力し続けた人が居たんだ……

──あたし
本当に『努力』が足りなかったのかも…
先生！おはようございます！
……おはよう
とうとう朝っぱらから来るようになったね…
はい！
うじうじしてる暇ないんで！

!
あたし
次に登る山を
決めたんです!
だから
もっともっと
努力して
もっともっと
稼がないと!
そわけで
あたし
先生のカフェが
オープンしたら
バイトして
あげるからね!
おっじゃま
しまーす
ドタ
ドタ
えっ!?
だから早く
片付けちゃい
ましょう!
ねっ!

CHAPTER 04
解説

01 諦めない人が成功する

願望を叶えようという気持ちが大切

願望を実現させようとする強い気持ちは、事業を成し遂げるための絶大な原動力になります。

マンガで紹介したジャカールは、まさに初志を貫き、願望を成就させた人物です。フランスのリヨンで生まれたジャカールは、家が貧しく、まともな教育を受けることができませんでした。たまたま、奉公先の製本所で、年老いた書記に算術を学びます。そのうち両親が亡くなり、実家に戻ったジャカールは、父親の残した織機を使用して、布地を織り生計を立てるようになります。

ジャカールはその織機に満足しておらず、より良い織機をつくろうと改良を重ねていきました。しかし、本業をやめてしまうほど研究にのめり込み、貧乏生活に陥り、借金返済のために織機だけではなく、家まで売ってしまいました。

その後、フランス革命が勃発し、ジャカールは義勇兵として戦った後、リヨンの工場で働き始めます。ジャカールは常に自分の志を捨てず、昼は真面目に働き、夜は金銭を工面しながら自分の研究を進めました。こうして発明した織機が人々の間で大きな話題になり、ナポレオン皇帝からの支援も得て、ついに「ジャカール織機」が完成したのです。

しかし、リヨンの人々は、彼の成功を喜ぶことはありませんでした。それまでの職工の仕事を「ジャカール織機」に奪われると思ったからです。ジャカールは織機を破壊されるだけではなく、自身も捕らえられ、危うく海中に沈められそうになったこともありました。

ところが実際に「ジャカール織機」が導入されると、リヨンの工場はますます活性化し、人々の生活は発展していったのです。そのため、次第にリヨンの人々はジャカールに深く感謝し、敬うようになりました。

ジャカールのように貧乏や逆境にもめげず、目標を達成するために努力し続けた人は、大きな事業を成し遂げています。そして、その功績は、時に多くの人に讃えられるようになるのです。

しかし、のちに
国王ルイ十八世から
金のメダルを
賜るなど
発明によって
その国の産業を
大いに発展させた。

▲ジャカールは強い意志で大きな事業を成し遂げた

CHAPTER 04
解説

02 生まれた環境で人生は決まらない

逆境を乗り越えた人々

成功した人は、必ずしも最初から高い階級や裕福な出身だったわけではありません。ある人は貧しい粗末な小屋から、ごく一般的な家の出身など、境遇はさまざまです。

貧困と苦難は、決して人の進路を閉ざすようなものではありません。時として、それに立ち向かおうとする人間の底力、通常では到底出せないような才能を発揮させることがあります。

つまり、困難は成功への最大の援助者になることがあるのです。

マンガの中で、正樹があかねに言い聞かせる際に挙げた、イングランドの物理学者アイザック・ニュートンや、ドイツの天文学者ヨハネス・ケプラーなどの人物は、幼少時代、ひどい逆境に苦しんでいたにもかかわらず、勉学に励むことによって、世の中すべての富をもっても買えないぐらいの名声を手に入れました。

古くから、成功を収めた人物は、何かしらの障害を乗り越え、夢を実現した者が非常に多かったのです。

自らの力で成功する

科学者であり発明家のハンフリー・デーヴィは、始めは医者の奉公人でした。後にデーヴィは「今の私の幸せは、私自身がつくり上げたものです。これは決して見栄などではなく、心からの真実です」と語っています。

また、ローマ教皇ハドリアヌス六世（アドリアン・フロリス）は、オランダの貧しい船員の子供でした。アドリアンは幼少のころ、勉強をするためのろうそくを買うことができず、教会の玄関など、街中の明かりのある場所で勉強していました。どんな環境であろうと、忍耐強く勉強した結果、ローマ教皇という地位にまで上り詰めました。

貧困であったり身分が低かったとしても、それに屈せず努力することによって、大成できた人物は多いのです。

偉人の生き方 3

貧しさを乗り越えて成功したヨハネス・ケプラー

ドイツの天文学者。ドイツのシュヴァーベン地方生まれ。祖父までは名門の一家でしたが、父親が持ち崩し、母親が居酒屋をして生計を立てていました。貧しい中でも、奨学金を得て神学校に進学し、大学で数学を学び、教師となります。その後ティコ・ブラーエの助手となり、彼の死後宮廷付占星術師となりました。そこで「ケプラーの法則」の第一法則と第二法則を書きます。

その後パトロンであったルドルフ二世が亡くなると、オーストリアのリンツに移り数学官となりました。そこで「ケプラーの法則」の第三法則を仕上げたといわれています。

CHAPTER 04
解説

03 金銭を正しく用いる

事が起こる前に準備しておく

人生において、どのように金銭を手に入れるか、またそれをどう貯蓄し、使用するかは、大きな悩みどころです。実際、生活の快適さや、他人との交流によって得られる幸せは、所有する金銭によって変わってきます。

人は、自分が持つ財産の範囲内で生活することに努めるべきです。そして、むやみに浪費をせず、将来のために倹約することが何よりも大切です。

なぜなら、人生にはどうやっても予期できない三つの出来事があるからです。それは、「仕事を失うこと」「病気になること」「死ぬこと」です。

これら三つのことが突発的に起こった際、自分だけではなく、家族の安定が失われないよう、できる限り出費を抑えて倹約し、金銭を蓄えておく必要があるのです。

金銭は、ただ単に人間の衣食住を満たすためだけのものではなく、自らの世間体を維持し、自立を支えてくれるものです。安定した生活が送れないほどお金に困ると、他人に使われ、命令に従うような厳しい生活しかできなくなってしまいます。これは岩にべったりとくっついている貝と同じで、少しも自分を自由にはできないのです。

金銭に振り回されない

倹約するといっても、卑しい気持ちになったり、下品になってしまっては、全く意味がありません。また、倹約を心がけていくうちにお金を貯めることばかりに執着してしまい、人に優しくする心や、寛大さを忘れてしまう恐れがあります。そうなってしまうと、私利私欲に溺れてしまった人と何ら変わりがありません。

倹約とは目先の快楽への欲望を抑えて、将来の幸せを手に入れるために行うものです。金銭を重視しすぎて、本来の目的を見失ってしまってはいけません。

金銭に振り回されるのではなく、自分の目的のために、正しく回していきましょう。

金銭についての名言集 〜お金に溺れないために〜

「貧乏の至るは、旅客よりも速やかに、武士よりも迅《と》し」
（貧乏になるのは、旅客よりも早く、武士よりも迅速である）
古代イスラエル王・ソロモン

「金を借ることに行くものは、憂を取ることに行くなり」
（金を借りに行くのは、後悔を手に入れに行くようなことだ）
古いことわざ

「ペニーは人の霊魂を殺し、白刃は人の肉体を殺す。
二者相較ぶれば、ペニーの人を殺すこと多し」
（金は人の心を殺し、剣は人の肉体を殺す。
二つ比べれば、金の方が多く殺している）
ウォルター・スコット

『西国立志編』一言名言集

『夢』編

およそ人、他人のすでに做《な》し得《え》たることは、必ず做《な》し得《う》べし（第四編：十一）

哲学者ヤングの格言。「人間は、他人がすでに成功したことは、必ず成すことができる」という意味。そのためヤングは必ずなさんと志したことは、どんな苦労があっても、その苦労のせいにして諦めたりはしなかった。

希望はわが勢力なり（第八編：二）

バトル・アビーという修道院の収蔵品に記載してある言葉。「希望は私の原動力である」という意味。座右の銘にするべき言葉である。

労苦なければ希望なし（第九編：九）

スマイルズの言葉。「人間が手に入れようとする願望は、苦しい努力をした中で手に入れることができる」という意味。肉体的にも精神的にも努力をし、苦労をしなければ、願望を叶えることはできない。

薄命は愚蠢《ぐしゅん》に隣る門戸なり（第九編：十一）

ロシア人のことわざで「不運と愚かさは紙一重である」といった意味。大抵の不運は、その人自身の身から出た錆であることがほとんどである。

CHAPTER 05

強い意志が「才能」をつくる

強い意志の重要性を理解しつつも
実践できない気弱な慎。
強い意志の根底にあるものとは——。

薬 研究所
この方法だと
時間がかかりすぎる
もっとほかにいい
アイデアはないのか？
だけど その方法が
一番確実じゃないか
ほかの方法をむやみに
実行するよりも
こちらの方がいいと思う
はぁ、
またかー…
まあまあ 二人とも
そんなに熱くならないで…

先輩は 俺と
こいつの意見
どっちがいいと
思うんですか?
えっ!?
うーん…
そうだね…
時間がかかりすぎるのも
どうかと思うけど
不安定な結果を出すのも
なんだしね
ははっ
どっちが
いいかな?
先輩っていつも
そんな感じですよね
自分の意志とか
ないんですか?
はぁ…
…
自分の意志…

こんばんは
いらっしゃーい！
おっ 慎じゃん！
今日も掃除
頑張ろうね！
ガラッ
ああかね
もうちょっと静かに
できないのかね
いいでしょ！
やる気に
なったんだから！
元気出たんだ
よかった…！
こんばんは～！
先生…
カラカラ

あっ！あかね！
よかった！あかね 元気を取り戻したんだね！
奈津子おつかれ！
うん！
あのね あたし自分でちゃんと『自助論』を読んでみてやっぱりもっと頑張ろうって思ったの
まだまだ努力が足りなかったなって
強い意志さえあればどんな夢でもかなう…
…そう信じることにしたの！
あかね…！
へへ！

お来たな
慎奈津子!
正樹!
なあ奥からすごい
高そうな花瓶が
出てきたんだけど
これ先生の?
いやこの建物は
私の知り合いの方のご厚意で
借りているものだから
正確にはその人のものだね
ほう・・・
でも
あるものはすべて
お店で使っていいって
言われているよ
素敵な花瓶!
これに花を生けて
目立つところに
飾りたいねぇ
そうだね
お店の目玉に
なりそうだね
じゃあ
入ってすぐの
場所がいいな

え？
目立つっていったら
室内の方がいいんじゃない？
ちょうど床の間があるんだし
いや～
入り口だろ
とーこー
のーま！
ぎぎ
ぎぎ
ままあまあ
二人とも落ち着いて
ばっっっ
慎はどっちが
いいと思う？
ええ？
…うーん
僕は……
こんなに立派な花瓶なんだから
どこに置いても目立つと思うよ
入り口も床の間も
どっちでも素敵だと思う

メリロがベスト!!
ぜーったいとこのま!!
だから
俺とあかね
私と正樹
のどっちに
賛成なの!?
えっと…
私だったら思い切って縁側に置いちゃうかな
そしたら外からでもこの花瓶が見えるよ～
いやそれはない
ワハハハ
ビシッ
えーーー
なんでーー!?

あはは
慎 どうした？
なんか 職場でも こういうことが あってさ…
言い合いになっちゃった 後輩たちに「どっちの意見に賛成か？」って聞かれて 答えられないことがあって
僕には 強い意志ってものが ないのかもしれない…
『自助論』で書いてあるような 強い意志って どうしたら手に入るのかな

慎…
中村正直は、スマイルズの“Self-Help”を訳しただけじゃなくていくつかの章のはじめに『序文』をつけたけど
その中の第八章 自助にこういう話があるんだ
西洋の人は強い意志を持った人を多く輩出しているがその理由は何かと
…その理由
それは「曰く、慈なり。信なり。」
つまりそれは慈しむ心と信じる心だとね

そして ザビエルや
ウィリアムズなどの
著名人の名前をあげて
『強い意志を持たなければ
何を得ることができるだろうか
強い意志とは あることを
目指し努力しようとする
気持ちであり
慈しむ心と信じる心が
その根本に存在しているのだ』
と説いている
慈しむ心と
信じる心…

なんだ！
それなら慎が一番
持ってるじゃない！
え…!?
そうだね！
中学時代 慎は
いつだってあたしたちに
勉強教えてくれたよね
うんうん
だよな！
俺が当時 不良と
つるんでたって疑惑を
かけられたときだって
慎は真っ先に「違う！」って
信じてくれたよな
あーあったね！
実はコワモテの
いとこだった
ってオチね
先生の誤解がとけて
ほんと良かったよ

慎は誰よりも『慈しむ心と信じる心』を持ってるよ
だから強い意志を持てるはずだよ！
ででも僕 みんなみたいに才能とかセンスとかないし…
おや『自助論』を読んでいればそんな考えにはならないはずですよ
ねえ 皆さん
ニッ
そうだよ 慎！人並みな才能しかなくても努力して成功した人物はたくさんいるって書かれてたろ？
ね！才能があるかないかなんて実行する！っていう意志の強さがあれば 関係ないのよ
コクコク

よく勉強できていますね
また『自助論』の話には
こんなものもある
ある未亡人の息子は
優秀で才能に
恵まれていたのに
うわついいて軽々しい
性格でした
その未亡人は
そんな自分の息子に
こう嘆きました
「ああ 彼は忍耐という
才能には恵まれなかった」
忍耐の心がなく
軽率な性格の人は
何をしても普通の人にすら
及ぶことができないだろう
たとえ愚鈍な人と競争しても
必ず遅れをとってしまうだろう
とね

才能にこだわる
必要はない
ただ自分の信じることを
ひたすら忍耐強く行うことが
重要なんだよ
…先生
みんな……！
ありがとう
もっと自分自身を信じて
やってみるよ！
おう！
一緒に頑張ろうぜ
自分を信じて
……ね！

製薬 研究所
だから この方法じゃ不安定だって！
じゃあほかにどうするんだよ！
いや だからっ
…あ
ムリだって
あのさ！
なんですか？
僕あれから色々調べて全部の工程を見直してみたんだけど
この工程を変えて最後にここに持ってきたら君が言っている方法もできるんじゃないかな

……
確かに…! あ でもそうなると この工程は…
ああ そこはこの場合…
……
こうするとスムーズに…
あ じゃあ先輩 ここはこうですね!
うん これなら…

CHAPTER 05
解説

01 強い意志のつくり方

「強い意志」とは

『自助論』では、意志を強く持ち続けることの重要性を説いていますが、慎のように自分には才能もなく、「強い意志」を持つことが難しい、と感じている人もいるのではないでしょうか。

マンガの中でも触れていましたが、『西国立志編』第八章序章では、中村正直がある人に「西洋の人が持つ強い意志とは、どこから生まれるのでしょうか」と尋ねられたときに、「それは慈しむ心と、信じる心からだ」と答えています。

フランシスコ・ザビエルやジョン・ウィリアムズなどの宣教師は、自らの進むべき道を信じ、他人を自分にのように愛して、苦痛を避けず、死すらも恐れなかったといわれています。ほかにもジョナス・ハンウェイ（イギリスの博愛主義者）は、多くの幼子の命を救い、グランビル・シャープ（イギリスの奴隷制度廃止運動の指導者）は、黒人奴隷を苦痛から救い出しました。彼らはどんなことがあっても挫けず、意志が折れることはありませんでした。これらの人物は、その内臓や骨、髪の毛や爪の垢に至るまで、「慈しむ心」と「信じる心」でできているのだ、と中村正直は述べています。

強い意志とは、特別な人間しか持ち得ない力ではなく、己の中の「慈しむ心」「信じる心」が根本にあります。これは誰もが持っている心なのではないでしょうか。

意志の根底にあるもの

「慈しむ心」「信じる心」が根底にない場合の意志の強さは、ただの私利私欲でしかありません。それでは人も国も発展はしないでしょう。

例えば、中国史で、秦の宰相であった李斯《りし》という人が居ます。元々は小役人でしたが、大変優秀かつ人一倍忍耐強さを持っていたので、始皇帝の近侍《きんじ》にまでなりますが、その行いは自らの保守のためがほとんどであり、「慈しむ心」「信じる心」から発せられたものではありませんでした。

そのため、一時的には富と名声を手に入れることができましたが、最終的には滅び、国も衰退していきました。

偉人の生き方 4

李斯の人生

李斯は地方の小役人でしたが、ある日、厠《かわや》のネズミは人影に怯え、食料庫のネズミは人を恐れないことに気がついて、「同じネズミでも環境で賢さが変わってしまうのか」と嘆き、勉学に励むようになります。

その後、優秀さを認められ始皇帝に仕えます。李斯はよく国のことを考え一途に仕えたので、後に近侍まで上り詰めます。

しかし、自らの立場を脅かす存在が現れると、嘘の容疑で投獄し、毒殺してしまいます。また、政治の批判を行う学者たちの書を焼き捨て、言語弾圧も行いました。

始皇帝が死んだ後、自らの立場を守るために行った「始皇帝の遺書を偽造する」という陰謀がきっかけで政敵に追い込まれ、一族共々殺されてしまいました。

CHAPTER 05
解説

02 あらゆる才能のもと

才能は成功に関係がない

「自分には才能がない」と嘆いている人は多いものです。しかし、輝かしい功績というものに、才能の有無はあまり関係がないことに気がついている人は、少ないのではないでしょうか。ごくごく普通の人でも偉大な事業を成し遂げることができるのです。

フランスの哲学者であり、文学者であるヴォルテールは、「才能がある人と通常の人との違いは、わずかな差でしかない」という持論があったそうです。そのほかにも、イタリアの経済学者ベッカリアは「誰だって詩人にもなれるし、優れた演説者となることもできる」と考えていたといわれ、イギリスの有名な画家レノルズは「誰だって絵を学んで画家になることもできるし、彫刻を学んで彫刻家になることもできる」という言葉を残しています。

どんなに平凡な人であっても、周囲の出来事に注意を払っていれば、日常で起こっているすべてのことが良い経験になり得ます。こうした経験の積み重ねが、自らの能力を開花させ、大きな発見や発明を生むのです。時には失敗することもあるかと思います。本当に勤勉な人であれば、その失敗をバネにして、より果敢に何度も挑戦していくでしょう。

天才と呼ばれる人々

物理学者のアイザック・ニュートンは、木から果実が落ちるのを見て、「万有引力の法則」を発見しました。ある人が「どのようにして、あのような大発見をしたのか」と尋ねた際に、ニュートンは「常にあの課題について考えていたからだ」と答えたそうです。ニュートンが名声を得たのは才能や偶然ではなく、勤勉さと忍耐強さのおかげだといえるでしょう。

また、とある有名な学者の説には、「天才とは『一心に努力する』ことの別名である」とあり、フランスの博物学者ビュフォンは「天才とは、すなわち忍耐である」という名言を残しています。

このように、長い間に渡って努力をし続ける忍耐強さが「天才」をつくるのです。成功を収めた天才たちは皆、努力したのです。

偉人の生き方 5

アイザック・ニュートンの考え方

ニュートンは自らの研究方法について、このように語っています。
「私は常に目の前に自らの課題を置いておきます。
そして、決してそこから目をそらすことをしません。
自らの課題がぼんやりとした光で、少しだけ明確になっていくと、それが次第に開いていき、最終的に明白な光になるまで、忍耐強く待ち続けるのです」

ニュートンが「万有引力の法則」を発見したのは、偶然などではなく、普段からずっとそのことを考え、勤勉に努力したからなのです。

CHAPTER 05
解説

03 誘惑に負けない意志を持つ

立ち止まって考える

社会にはさまざまな誘惑が溢れています。プライベートであれば、ギャンブルや過剰なショッピング、適量を超えた飲酒に喫煙などが挙げられますが、仕事における誘惑とは何でしょうか。仕事上の誘惑といっても、横領や情報の横流しといった犯罪行為ではありません。

例えば、今日やっておいた方がいい仕事を明日に回すこと。顧客が欲しがるだろう有益な情報を、連絡が面倒で放置してしまうこと。やってしまった失敗を上司に報告しないこと。少しだけ手を加えればより良い商品になるのに、分かっていながら納品してしまうこと。

これらはすべて、自らの心に湧いた誘惑に負けてしまった状態といえます。ここでの誘惑は、つまり自らの怠惰に負けた状態といえるかもしれません。目の前の仕事から逃れるためだけに手抜きをすれば、仕事のクオリティーは下がり続けます。品質を保てなければ周りの評価も上がらず、達成感を感じづらく、基本的なモチベーションも下がるという負のスパイラルに陥るでしょう。

「魔が差す」という言葉がありますが、自らの心に怠惰が忍び寄ったとき、「本当にそれでいいのか」「こ

こで手を抜いた後にどういう結果を招くか」と自分自身に問いかけることが重要です。

悪い習慣から抜け出すためには

身についた悪習を変えるのは、容易なことではありません。改めようとしても、「会社に命令されたから」「クライアントが怒るから」といった外的な圧力による消極的理由では、すぐに悪習、つまり怠惰の心が復活してしまいます。なぜなら、そこには「自分の意志」がないからです。やりたくないと思うならば、まずは「なぜやりたくないのか」を考え、次に自分が楽しく取り組める方法を探しましょう。そして、「お客様の笑顔がみたい」「上司に褒められたい」といった小さなことで構わないので、自分の意志で問題に取り組む積極的理由を見つけるのです。自らの意志を持って動けば、必ず悪習から抜け出せます。

目標設定

低い目標の場合

低い目標の場合、誘惑の波にすぐ負けてしまう

高い目標の場合

高い目標を立てれば、なかなか誘惑の波に負けることはない

『強い意志・才能』編

怯心《きょうしん》の人こそ痛ましけれ（第八編：二）

シラックの子どもの言葉。「臆病者こそ、あわれむべき存在である」という意味。強い意志をしっかりと持っている人よりも、多くの幸福を手に入れることはできないだろう。

ネバー・ディスペアー（第八編：二十五）

ジョナス・ハンウェイというイギリス人の言葉。「けっして失望せず」という意味。彼が強盗に会い、命からがら助かった経験からこの言葉を座右の銘にし、生涯挑戦し続けた。

真正の才智は毅剛《きごう》の志向なり（第八編：十二）

フランスの偉人ナポレオン・ボナパルトが好きな言葉。「本当に才能ある人とは、強い意志をもってくじけない人のことである」という意味。ナポレオン自身がとても強い意志の持ち主だった。

ルパ・アイユール（別処安息）（第十一編：十五）

南オランダの作家であるマルニックス・ドゥ・サン・アルドゴンドの座右の銘。「一生懸命に努力して、来世に休息を求める」という意味。彼の強い決意が現れた言葉である。

CHAPTER 06

「学ぶ」ことを考える

それぞれ新しい一歩を踏み出した正樹、あかね、慎。
先生のカフェも開店間近というときに、
奈津子がまだ『自助論』を読んでいないことが判明し——。

大島さん 関東エリア店舗のデータが集計できました
ありがとうございます！ 助かります
あの この間お願いしてた北海道フェアの資料はどうなりました？
忙しそうだけど…
こちらにまとめてあります
おおーっ！
大嶋さん 最近絶好調ですよね！
ほんとに！
季節の新メニューにもかかわってるんですよね！ 聞きましたよ
えっ

いや
自分はまだまだです
なんか…
以前よりも謙虚になられましたね
こら！面と向かって！
あはは！
大丈夫です自覚しました！
…実は最近読んでいる『自助論』という本に
「願望をかなえるためにはまず自分自身が謙虚であり傲慢にならず 忍耐強くなり節度を持ち 寛大さを身につけることこれらを守っていれば願望は必ずかなえることができる」
――という言葉があったんですよ

なるほど～！
最近変わったのは その本のおかげ だったんですね
ははは
恥ずかしながら……
その調子で 次の定例会議での 新作フェアのプレゼンも がんばってくださいね！
はい！ ありがとう ございます！

今の私に できることが もっとあるはず…!
だからもっと 勉強しないと!
ビジネス英会話
これ一冊で差がつく!
今まで 難しい英語の書類は 専門の人に代行して もらってたけど
やっぱり 自分でできるように なりたいから!
Chap.3 契約書
…っていうか できるように ならなきゃ ダメじゃんね…
プロ 目指してんだぞ しっかりしろ あたし…!
はぁ…
今気付く とは……

あーっっ
でも難しーっ!
べたーーっ
簡単な英語ならできるからってこの辺うやむやにしてたのが良くなかったな…
基礎からとは…
いじいじいじ
ーだけど
やっぱりこの夢を諦めることなんてできないから!

よーっし!!
『自助論』でも『困苦は良師友なり』ってあるしね！
苦労は最高の師匠と友人なんだから
それから逃げて自分の願望をかなえられないのは嫌だもんね！
こうなりゃ仲良くなっちゃる！
苦労
イエーイ!!
さぁ〜てもうひと頑張り…
ピピピピピ
ってやばもうこんな時間！
早くバイト行かなきゃ！

製薬 研究所
ピーーッ
…測定終了しました！
…カチ
…………
あ゛ーっ
またダメか！
ドスンッ
なかなか良い結果がでませんね…
はぁ…
そうだねぇ…

この方法が最良だと思うんですが…
ガリ ガリ
どこが間違ってるんでしょうか
というかもうこの副作用なしで基準を満たすものはつくれないんじゃないですか
ほかに良いものがあると思えませんし……
ギシ
ギシ
――いや
カタン
もう少しやってみよう
絶対に良いものができるはずだから

え……でももうほとんどの方法は試したし……
なぁ…
うん、それにどうやったって成功しないかもしれないし…もう諦めた方がいいんじゃ
『常にその業を成したることは、わが自己の勢力を信ぜしによれり』
…へ？
失敗する理由は色々あるだろうけど
成功するときは決まって自分の力を信じたときだけだよ

僕は
僕自身の力も信じてるし
みんなの力も信じてる
だからもうちょっと
頑張ろう！
先輩……
ところで
さっきの
なんですか？
なんか
ビビっと
きたんですけど
『自助論』という本に
書いてあるんだよ
この本はね…

はぁーっ
この家も
綺麗になったね～
最初はボロボロ
だったよね
ほんと
別の建物だよ
同窓会の日に
先生に授業してくれって
お願いしたんだよな
一んっ
おねがいします!!
そうそう!
そしたらなんか
ここに呼ばれて
いきなり掃除する
ことになって……

あのときはみんな切羽詰まってたからとにかく掃除頑張ったよね
あはは詰まってた詰まってた！

——でも先生から自助論を教えてもらったおかげで
仕事がすごくやりやすくなった
そうだね僕も強い意志を持てるようになってきたよ
私も！一層夢に向かってやる気が出てきたって感じ！
自助論もちゃんと読むとおもしろいよね！
うんうん！

で 奈津子はどうなんだ？
ギクッ
えっと…
ごめん 実はまだそんなに『自助論』読み込めてないんだ
最近ちょっと忙しくて…
『我に暇なし』かい？

せ 先生!
びっくりした!
今日は全然部屋から出てこないから忙しいのかと…
いつから聞いていたんですか?
うん 今日は出てこないつもりだったんだけどついね
思いの外に準備することが多くてね

さて『我に暇なし』
これは「第四章序文」にある
言葉だよ
…コト
『靴や絹を売り 給料のために
人の機嫌をとるような生活を
している人は
わずかな時間すら
本を開こうとしなくなる』
「彼ら曰く」
「『我に暇なし』と」
…あ

序文では続けて
「少しずつでも続けて学んでいくことが
何よりも重要なことである
一日のうちで長い時間が
必ずしも必要なのではない」
といったことも書かれている
今の君に
必要な言葉だね
…はい
私また言い訳
しちゃったんだね
この間
やめようって
決めたのに……

『西国立志編』は
言葉も難しいし
読み切るのは
簡単なことでは
ないだろう
でも いいかい
『天は自ら助くる者を助く』だよ
は…
…はい!

難しいところは
僕も一緒に読むよ
そうだな
俺たちも
協力するぜ
そうだよ！
うん！
…みんな
ありがとう！
私頑張って
読むね！
改正
西國立志編
原名自助論
博文館藏版
東京

CHAPTER 06
解説

01 目的を持って書籍を読む

「なんとなく」読んでも意味がない

あなたは書籍を読むとき、どのような目的で読んでいるでしょうか。

「話題になっている書籍だから」「先輩から読めと言われたから」などといった気持ちで、なんとなく書籍を選んで読んでいる人は多いかと思います。

では、そうやって読んできた本の内容を、果たしてどれだけ覚えているでしょうか。

確かに、読書はさまざまな知識を取得できるので、教養を身につけたいと思っている人には、お手軽な方法だと言えます。しかし、目的を持たず、なんとなく読んでしまっていると、得られる知識に対して受け身になってしまいます。これでは、そのときは深く感銘を受けても、いざ読み終わったときに、詳細を覚えていないことがあります。

そのため、「この本からはこれを学ぶ」「この本を読んで○○をできるようにする」などという、明確な目的を持って、本を読む必要があるといえるでしょう。

そうすると、自ら考えながら積極的に読むことができるので、一冊の書籍からたくさんの知識を学び取ることができるようになるのです。自分の学びたい意志と、書籍の中に込められた意志が、良い意味で噛み合い、質の良い読書になるでしょう。

一冊の本をじっくりと読む

また、一冊の本について、なるべくじっくりと読むことをお勧めします。

ある貴族が書いた手紙の中に、自分自身が学んでいく際の工夫についてまとめた話があります。

「私は、初めて法律書を読んだとき、ここに書かれている内容のすべてに精通しようと思いました。そのために、そこに書かれた内容を正確に理解するまでは、決してほかの書には手を出さないと決めたのです。

このとき、私と一緒に学んでいた人々はたくさんいましたが、私が一週間かけないと読み切れない分量を、彼らは一日で読んでいました。

しかし一年後には、私は過去に読んだ本の内容はすべて覚えており、再び同じ本を読み返す必要がなかったのに対して、彼らは、ほとんど忘れてしまっていたのです」

知識の価値は、読書の量によるものではありません。そして、人によっては一度に覚えられる量が決まっている場合があります。それ以上を超えて勉強してしまっても、あまり記憶には残らないでしょう。

理想的なのは、読んだ本の知識を頭の中からいつでも取り出せるようにすることです。そのためには、一冊一冊を集中してじっくりと読むことが重要なのです。

CHAPTER 05
解説

02 本当の知恵を手に入れるために

正しい学び方とは

昔に比べて、今はインターネットやテレビなどで、誰でもどんなときでも簡単に知識が手に入るようになりました。書店に行けば、毎日大量の書籍が国内外のジャンルを問わずに発売されています。また、専門的な知識を学べる教育機関もたくさんあり、多くの選択肢の中から自分の興味がある分野の勉強法を選ぶことができます。

しかし、このような簡単に学べる環境は、学習する人の助けになりますが、大きな障害になることもあります。

同じ時計を買うにしても、安い３０００円程度のものと、数年貯金したお金で買った３００万円のものでは、大切にする気持ちも、そのものの価値も、全く違うかと思います。これは知識であっても同じと言えるのではないでしょうか。

簡単に手に入れた知識は、粗末に扱ってしまい、「大体分かる」程度で満足してしまうのです。こうして表面をなぞるだけの学習を続けていては、脳が眠っているような状態になってしまうでしょう。

しかし、実際の人生に役立つ真の知識というものは、「これはどういった意味なのだろうか？」とあれこれ創意工夫し、辛抱強く勉強することによって得られるものといえます。

こうして苦労して得た知識を持つ人は、お手軽な知識をつまみ食いしては「わかった気になっている」人と比べて、知識や発想、仕事の進め方なども違ってくるでしょう。また勉強のやり方も知っているので、どんどん新しいことにもチャレンジしていくことができます。

『英語辞典』の編纂《へんさん》で知られるサミュエル・ジョンソンは、「忍耐強く学習できないのは、現代人の心の病である」といった言葉を残しています。

すぐ「学習した気」になれる現代においては、忍耐強く学習できる人の価値がより高まっているのかもしれません。

偉人の生き方 6

サミュエル・ジョンソン

イングランドの文学者。小さな本屋の家に生まれましたが、家が没落し、貧乏暮らしの中、知人の援助で大学に通いました。

新聞への寄稿などを行っていましたが、「英語辞典」の編纂という大偉業を成し遂げたことで、一躍有名になります。彼は親しみを込めて、「ジョンソン博士（ドクター・ジョンソン）」と呼ばれていました。

ジョンソンはさまざまな名言を残しており、それは『自助論』の中にも多数出てきます。「借金とは人生における災難です。そのためあなたは必ず『他人からお金を借りない』と決意するべきなのです」「私は、禁酒することはできても、ほどほどのところで酒をやめることはできない」などがあります。

CHAPTER 06
解説

03 自分のために努力する

自分を救えるのは自分しかいない

今まで解説してきたような、自ら知恵を求めて努力することを、金銭や財産を得るための手段だと勘違いしてはいけません。

マンガの中で正樹やあかね、慎が行動していたように、色々と思考を巡らせ、自分で実際に手を動かし努力しましょう。精進していくことを怠らなければ、やがて自分の成長を実感できるようになっていきます。

そうすると、それまで抱えていた不安や不快な気持ちが薄れ、心地よさを感じることが多くなるでしょう。それは外から与えられたものではなく、自分が強い意志を持って賢明に努力し、自分が生み出した結果なのです。

志を持って自分を鍛えていく力、つまり「自らを助くる力」は、自分自身を尊重する度合いに応じて成長します。「自らを助くる力」が増えてくると同時に、人に優しくする気持ちが芽生え、ほかの人のために勉強や労働することが、苦ではなくなるでしょう。

学び続けることの素晴らしさ

フランスの歴史作家オーギュスタン・ティエリーは、勤勉で忍耐強い性格の持ち主でした。彼は歴史を学んでいるときに、両目の視力を失ってしまい、健康を害してしまいますが、真理を追求しようという気持ちは衰えませんでした。

彼は自分が学び続ける理由について、こう述べています。

「すべての人は、自分の運命を切り開くために、おのおのが毅然として勇敢に、その生涯を送るべきなのです。どうして自らの薄命を嘆き、志気をなくしたりできるでしょうか。

この世には、食や色よりも快楽なものがあり、金銀財宝よりも受け取りたいものがあり、身体の健康よりも尊ぶべきものがあります。それが何か分かりますか。

それは、学問を熱愛する心なのです」

偉人の生き方 7

オーギュスタン・ティエリー

フランスの歴史作家。ジャーナリストとして働いていましたが、歴史学に専念するようになり、『ノルマン征服の歴史』という著作を書き上げます。

歴史の勉強中に両目の視力を失ってしまい、それは健康にも大きな影響を与えてしまいます。彼の症状は非常に重いもので、部屋から部屋に移動するのにも、誰かに支えてもらわなければ歩けないほどでした。

彼は一時的に政府に登用されることもありましたが、基本的には自分の書斎で研究を行う日々を送っていたそうです。

『西国立志編』一言名言集

『勉強』編

天下は勉強忍耐なる人の所有なり（第十編：十八）

昔からいわれていることわざの一つ。「すべてのものは、忍耐強く勉強できる人の所有物である」という意味。どんな高望みの志も、地道に努力できる人ならば叶えられるだろう。

四肢の労苦は、学習のために勢力を添うることを覚えたり（第十一編：五）

イリヒュー・パリットというアメリカの言語学者の言葉。「自分自身の身体で実際に体験して味わった苦労は、学習の際に手助けになる」。という意味。実際に自分が技術を習得していかなければ、成功することはできない。

労苦は百事に勝つ（第十一編：六）

昔のことわざ。「苦労はすべてのものに勝る」という意味。とりわけ学問の世界では、苦労がほかの何よりも必要となるだろう。

銹《さ》びで腐るよりは、摩り耗《へ》らすことを善しとす（第十一編：十五）

イングランド・カンバーランドの司祭の言葉。「何もしないで錆びて腐っていくよりは、すり減っていった方がよい」という意味。
何もしないで腐っていくのが一番問題である。

CHAPTER 07

成功を支える「人」

新しい目標を見つけた奈津子も、とうとう『自助論』を読了。
金谷先生のカフェも営業をスタートし、
4人は「最高の師」と「最高の友」について話す。

はい…はい！承知しました！
ではこの方向性で！
中川さんの提案とても感謝してますよろしくお願いしますね！
——はいっ
こちらこそよろしくお願いします！
～～～っ
やったぁ！先方も喜んでくれたーっ！
良かったね～！
ぴょきっ

部長！
最近中川さん頑張ってるもんね先方にもそれが伝わったんじゃないかな
ありがとうございます！
ふむ、…それにしても
？
最近なんだか今までよりもやる気を感じるよ
それにすっごく生き生きしたいい顔をしてる
何かあったのかい？
！

はい！目標を見つけたんです！
おお〜っ
目標か！それは実にいいことだね
これからもその調子！ファイトだよ〜
ぐっ
はい！頑張ります！
こーんばーんはーっ！

ここおそらく こういう意味で…
だとすると こっちは？
んーと つまり…
にこ にこ
どうした？ なんかいいこと あったか？
ごきげんだねー
仕事でうまくいったとか？
あっ えーと…… うん！
それもあるんだけど…… 部長にね
最近 いい顔してるね って言われたの！
いい顔？
そう！ 前よりも生き生きしてて やる気を感じるって！
…でもそれはね 先生とみんなのお陰なんだよ

「自助論」をここで読み始めて…最初は難しくて全然分かんなかったけど
でもみんなが一緒に読んでくれるおかげで内容も分かってきて
……そしたらね
仕事とか毎日の暮らしの中であんまり好きじゃなかったことが今までと全然違って思えて——
だから今ね毎日がとっても楽しいんだ
みんなのおかげ！本当にありがとう

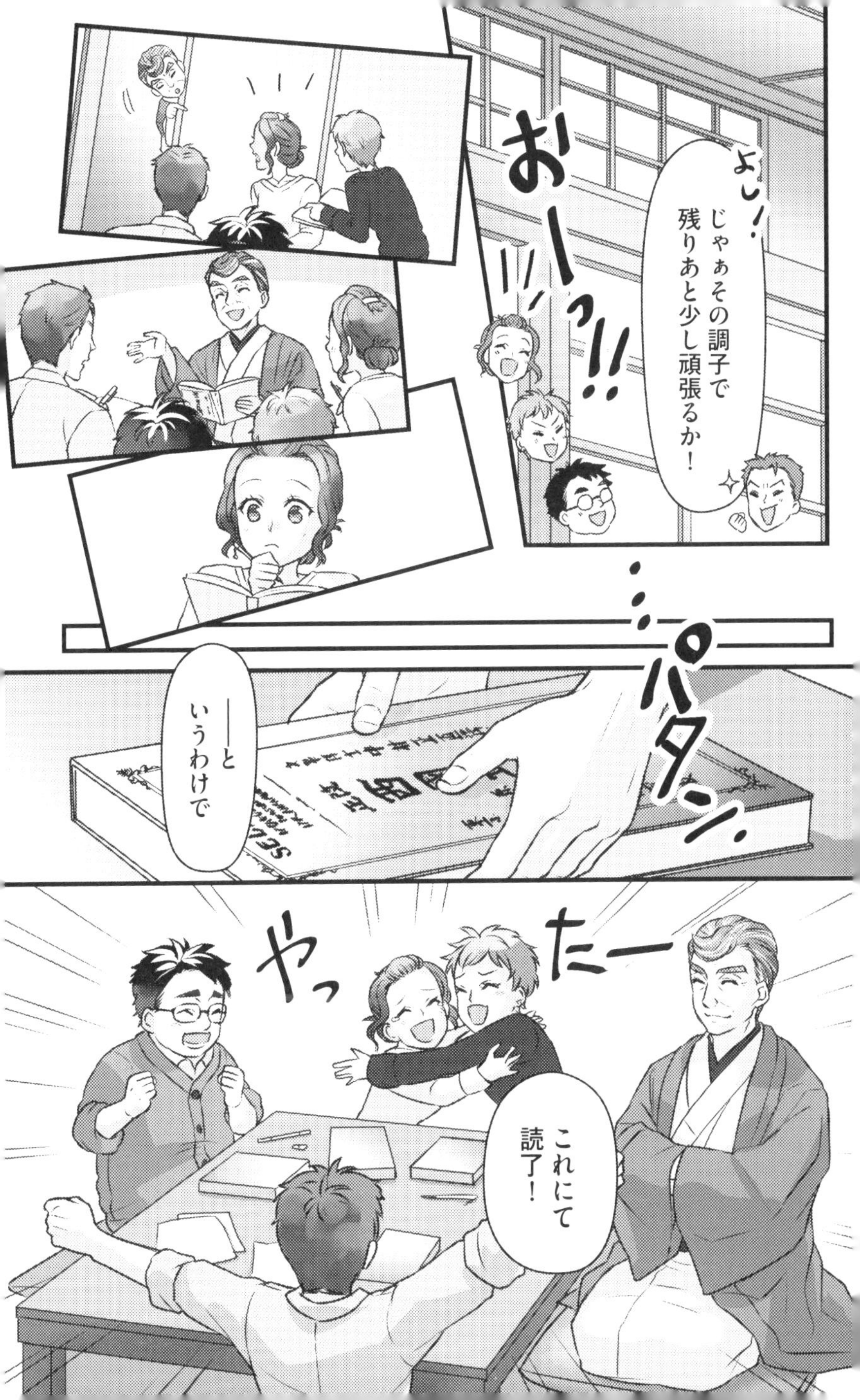
よし！
じゃぁその調子で
残りあと少し頑張るか！
おーっ!!
…パタン
——と
いうわけで
やったー
これにて
読了！

わい
わぁ お客さん いっぱい！
おー
ついに オープン したんだねぇ

わい
先生！あかね！
みんなー！

先生
オープン おめでとう ございます！
ありがとう

天助自助者
それにしても……
私たちが準備したとはいえ
お客さんで来るとまた違う感じがするね

そうだな
ス,
おまたせ
いたしました
当店自慢のお茶と
季節の和菓子
でございます
わぁ
かわいい!
おいしそ~!
でもなんだか
食べるのもったいない
気もしちゃうね
おぉ…
あかねが
すげぇ上品に
接客してる…
わー
本日
ご用意いたしました
季節の和菓子は
桜をかたどったもので…
ひょこっ
お客さんも
落ち着いたし
ちょうどいいから
休憩入っていいよー
ヤッフウゥ!!!
よっしゃぁ休憩~!
ぴょーーんっ
こら
あばれないっ!!
おい
さっきとの
ギャップ

それにしても
先生すごく楽しそうだね
このお店へのこだわりが
半端なかったもんな
そーそー
物の置き方とかね！
それはもっとそっち!!
ちがう!!
私もいろいろ
たたき込まれたよ
お茶の
運び方から
言葉使いまで！
もーくたくた！

あ゛ーしみわたる〜
ははは
おつかれさまー
あ そうだ
ごそごそ
『西国立志編』の最後の部分を読んでて思ったんだけど……
なに?
どこどこ?
?
トン
第十二編の十八に『少年の人に示さんと欲する最要なるものあり』ってあるよね
…『すなわち快楽の心をもって職事を勤むる人の儀表なり』
「楽しい」という気持ちを持って仕事をしている人を手本にする
——だよな

そう！
……つまり先生は
This mean is ...
最高の師だってことだよね！
天助自助者

それに同じ編にあるけど
品行は伝染するって話で
『少年の人は 良朋善友の自己より高等なるものを求めて模範となしこれと斉しからんことを望むべし』ともあるじゃない？
「若者は 善なる友人を求め彼らの自分より優れている部分を模範としその域に達しようとすることを望むべき」
――みたいな意味だよね
……私ね すごいみんなのこと尊敬してるの
！

自分の至らないところにちゃんと向き合って勉強し直してる正樹
誰よりも真面目にコツコツと努力する慎
自分の夢に向かって強い意志で進むあかね
みんな本当にすごいと思う

だからこそ久しぶりにみんなとの勉強会に参加する中で
私はまずはもっと努力して自分を高めなきゃいけないって思ったの
そしてその努力によって仕事でも普段の生活でも
自分はもちろん周りの人たちも幸せにしたいって――
……みんな本当に
ス、
最初にこの家に来たときとは全然違う顔つきになったね
先生!

私もみんなのこと応援していますよ
ありがとうございます！

でもまだまだ
皆の夢をかなえるためにはもっと努力と忍耐が必要ですよ！
はい！
頑張ります！
だから先生
これからもよろしくお願いします！

うむ！
……って！
君たち
このお店が開店しても
まだ居座るつもり
なのかね!?
もちろん！
あははは…

CHAPTER 07
解説

01

よき友・よき師

よき友から学ぶ

おおよそ人間というものは、本人も気が付かないうちに、周囲の人間の品行や風習、考え方に影響されて形づくられていきます。そのため、よき友、よき師に、自分よりも優れている良い部分を求め、それと同等以上になりたいと考えるべきです。

良い手本となる人は、言葉を発することのない優秀な教師であり、一緒にいるだけで他人を実際に行動させるように働きかけます。そのため、交友関係を選ぶことは重要です。特に若者同士は、磁石がくっつくように、自然と似てしまいます。

イギリスの児童文学作家マライア・エッジワースは、「人は、常に交流している友人と感情が通じてくると、自然と友人の真似をするようになるので、絶好の模範となるような友人を選ぶことが大切である」と考えていたそうです。本書のマンガでは奈津子が、正樹、あかね、慎の努力し学ぶ姿を見て、彼らこそ絶好のよき友人であると考えました。強い意志で物事を達成したいと思うならば、自分と同じくらい強い意志を持った友人と接するといいでしょう。

「喜びを持って仕事を楽しむ人」を師に

これは、「友」だけに限りません。例えば善人や人格者に会うと、必ずその善や徳が自分自身に伝染するといわれています。なぜなら善ある人と言葉を交わすことで、その高い品格に触れ、自分も同じように品格が高くなったような気持ちになるためです。

また、マンガの中にもあったように、「楽しい」という気持ちを持って仕事をしている人間を手本にするのもいいでしょう。喜びの心は精神を高揚させ、難しい問題に直面したとしても、くじけることなく、強い意志を保ったまま、目標を達成することにつながります。

例えば、同じ職場に不平不満ばかり言っている人がいたらどうでしょうか？　仮にその人がどんなに仕事の能力が高かったとしても、周囲のやる気を削いでしまうため、職場全体の生産能力は落ちてしまいます。困難な問題に直面しても、解決しようという心は生まれず、不満ばかりがたまっていってしまうでしょう。それに対し、上司や同僚が喜びの心を持って仕事を楽しむ人であったら、本人はもとより、周囲のやる気も引き出して、物事を成し遂げていくことでしょう。困難に直面してもお互いに助け合い、新しい目標を達成することにもつながっていくはずです。

イギリスの医師であり政治家のジョゼフ・フュームは、いつも「私は憂うつな気持ちで巨万の富を築くよりも、喜びの心を持った人間になりたい」と言っていたそうですが、「楽しい」という気持ちを持って仕事をする人をよき師に、また自分自身もそういう人間であろうとすることが大切なのです。

CHAPTER 07
解説

02

品行を高める

地位や権力、お金よりはるかに尊いもの

品行は、地位や権力がなくても、それ自身が人に地位を与える尊いものであり、お金よりもはるかに優れた力だと、『自助論』では述べています。品行が極めてよければ、どこにいても、どこで働いていても、その地位を素晴らしいものに高めてくれるのです。

ここで、考えてみてください。一流企業の職員や社長、お金持ち、プロスポーツ選手……何でもかまわないのですが、才知のある人や社会的地位の高い人に対して、人々は賞賛しますが、必ずしもその人物を信用するとは限りません。世の中には、地位や権力より重要なものが確かに存在し、それは人々の心を動かすものです。

真実の品行とは、誰も見ていない密室であっても、どんな地位にあったとしても、自分自身の心が正しいと思えることを行うことです。例えば会社において、どれほど仕事の実務能力が高かったとしても、上司の前ではこびへつらい、部下の前では横柄な態度を取るような人であれば、誰も信用しないことでしょう。また、密室において悪いことをする人は、そこで露見しなかったとしても、外部からの悪い誘惑

を受けたときに必ず不誠実な行いをし、汚れた品行に成り下がってしまうことでしょう。

良い品行の根本には、真実さや善良さという徳があります。そしてそのうえに、誠実な言葉と誠実な行動があり、品行となるのです。

「良い品行」と「良い習慣」

誠実な品行の本質として、「言葉と行動が一致していること」が挙げられます。人間は、外に表れるものを、内に存在するものと同一にすべきなのです。

普段口にしていることと全く違う行動を取る人に対して、ほかの人は信用しないことでしょう。どんなにきれいな言葉であっても、あるいは真実を述べたとしても、信用されなければその人の口から出る言葉は無価値になってしまうのです。

徳のある行動はとっさに取れるものではありません。人間は、必ず習慣を自分の手でつくり出すので、良い品行を形成するには、良い習慣を続けることが必要です。長い年月、意識して行動しようとすることによって、内と外が一致した、良い品行を身につけることができます。

慎みを持ち自分を敬うこと、自ら助くること、勤勉であること、誠実であること――これらはすべて、品行を高めるための良い習慣です。ほかにも、礼儀正しいふるまいやきれいな言葉遣いは、より徳を高めることにつながるはずです。

これらはちょっとした積み重ねですが、毎日少しずつためていく小銭のようなもので、12カ月後、もしくは一生の終わりには、驚くほど大きな財産になっているかもしれないのです。

CHAPTER 07
解説

03 幸せを呼ぶ考え方

物事の「明るい部分」に目を向けること

本章の最後に、「幸福」を得るための方法を考えてみましょう。

前項で、「人間は必ず習慣を自分の手でつくり出すこと」「良い品行は良い習慣がつくり出すこと」について述べましたが、実は人生における幸福も、習慣が大きな役目を担っています。

世の中には、さまざまな「明るいもの」と「暗いもの」が存在しますが、人間には、常に明るい部分に目を向ける習慣の人もいれば、常に暗い部分に目を向ける習慣の人もいます。前者であれば、善や吉、美しい部分に目を向け、愛や喜び、楽しみといった感情を抱くことが習慣になっています。しかし後者であれば、悪や凶、醜い部分にばかり目を向け、怒りや悲しみ、憎しみの感情を抱くことが習慣になっているのです。

例えば、同じ職場で働いていても、毎日の仕事が楽しいという人もいれば、不平不満ばかりこぼしている人もいます。その違いは、存在する場所や与えられた環境ではなく、その人が「何を見ているか」によるのです。ジョンソン博士はこのことについて、次のように述べています。

「常に物事の良い面を見る習慣のある人は、年間1000ポンドの利益がある人よりも富める」

幸福な人生を送るために

どんな物事にも、良いと思える部分は必ずあるはずです。それを探し、見つけ、繰り返すことで、幸福を願うことが習慣になっていきます。

ここで覚えておいてほしいのは、人によって「幸福」は異なるということです。「何を見ているか」と同じで、その人の幸福を定義するのは、その人自身なのです。

例えば本書の登場人物である奈津子、正樹、あかね、慎の四人は、それぞれに異なる負の感情を抱えていましたが、最後にはみんなが笑顔を浮かべています。その理由は、彼らが「成功」したからでしょうか？違うはずです。『自助論』を通して、自らの考え方や視線、そして幸せの定義が変わったからです。

人間は、たとえ広く知識があっても、技術に長けていても、どんなに高い地位やお金を手にしたとしても、幸福になれるとは限りません。しかし幸福を願うことを習慣にし、穏やかで優しい感情を育て、自身が心から「幸福」と感じることができれば、幸せな人生を送ることができるのです。ほかの人と比べる必要は、どこにもありません。

おそらく奈津子、正樹、あかね、慎、そして彼らと等しい多くの方たちが、これからもさまざまな悩みや苦難に直面することでしょう。しかし「自ら助くる力」を持ち、「明るいもの」に目を向けられるようになった彼らは、きっと幸せな人生を送ることができるはずです。

『西国立志編』一言名言集

『品格』編

汝《なんじ》の容止を卑くし、汝《なんじ》の志謀を高くせよ。しからば、汝《なんじ》、謙心にして大量あるの人となるべし。
（第十三編：六）

ジョージ・ハーバートという詩人が書いた詩にある一説。「あなたの腰を低くして、志を高くすれば、あなたは謙虚でありながら、心の広い人になる」という意味。

善き習慣を形づくらんと、謹んで心を用うるの習慣こそ、最も明哲なる習慣なるべけれ
（第十三編：十三）

リンチの言葉。「良い習慣をつくろうとして、慎重に事をなそうとする習慣こそ、最も聡明で道理に通じている習慣である」という意味。良い習慣をつくろうと努力することが、もう既に良い習慣である。

一銭を費やさずして万事を買い得べきものは礼貌《れいぼう》なり（第十三編：十七）

モンテーニュ夫人の名言。「一銭もお金を使わないで手に入れることができるものは、礼儀正しい態度だ」という意味。礼儀正しいことは、お金をかけずに自分を磨くことができる最善の方法である。

君子は正直にして義を行い、心中の実をもって言語に発す（第十三編：二十三）

昔の詩人の言葉。「君子は正しいと思った行動をし、心の底からの真実を話す」という意味。言葉と行動が一致していなければ、君子とは呼べないだろう。

おわりに

歴史的に見ると、日本という国はこれまで二度にわたって奇跡的な発展を遂げています。

鎖国により、諸外国に比べて100年以上遅れを取った状態から世界の「列強」に数えられるようになった明治維新期。そして、戦争によりすべてを失った状態から、わずか20年あまりで経済大国として世界の舞台に躍り出た高度経済成長。

世界的に見ても、このようなとんでもない成功を遂げた国はほかにありません。

しかし、現在の日本に目を向けると――平成の幕開けに起きたバブル崩壊からの「失われた20年」はいまだ尾を引き、今なお日本全体が閉塞感に覆われています。このような大事な局面で注目を集めているのは、残念なことに西洋式、特にアメリカ式成功哲学です。そのどれもが貴重な考え方や経験談ではありますが、それはあくまで外国のやり方であり、日本に合わせた成功哲学ではありません。

もうアメリカ式成功哲学を追うのはやめましょう。

日本には中村正直が翻訳した『自助論』という、純日本式の素晴らしい成功哲学があります。

実際、近代日本の礎である明治維新期には、その本を読んだ多くの人々が成功を収め、日本を世界レベルまで押し上げました。

このまま外国のマネを続けていても、日本は決して世界のトップになることはできません。それどころか、この閉塞した時代を終わらせることすらできないでしょう。

マンガの中で、主人公たちはそれぞれに悩みを抱え、迷い苦しみつつも『自助論』の助けを借りて、それぞれの道を見つけ成功への一歩を踏み出します。いくら時代が変わり、やり方が変化しようとも、成功の根底に流れる心構えは変わることはありません。

「自学」「独立独行」「誠実」「努力」「倹約」——。

『自助論』の説く道徳をそれぞれが実践すれば、必ず日本全体が再び、新たなる成功に向かって歩み出すことでしょう。

本書がその一助となることを、心より願っております。

金谷俊一郎